曹洞宗徳雄山建功寺住職
枡野俊明

NOT TOO MUCH
SHUNMYO MASUNO

歯止めが利かなくなる自分の抑え方

し過ぎない練習

CROSSMEDIA PUBLISHING

はじめに

私たちは日々、何かを「し過ぎる」ことで、知らず知らずのうちに心をすり減らしています。

心配し過ぎる、気をつかい過ぎる、怒り過ぎる、期待し過ぎる、我慢し過ぎる、働き過ぎる、調子に乗り過ぎる——。

もちろん、心配すること、気をつかうこと、怒ること、期待すること、それ自体は、決して悪いことではありません。それらがあるからこそ社会は成り立ち、人間関係も深まっていきます。

しかし、「し過ぎる」ことで、いつの間にか本来の目的を見失い、苦しみが生まれてしまうのです。

「つい、やり過ぎてしまった」——こんな言葉を聞くことが多くあります。

調子に乗り過ぎてしまった、相手を追い詰め過ぎてしまった、こだわり過ぎて周りが見えなくなってしまった。

これは、個人だけでなく、社会全体にも見られます。調子に乗り過ぎて謝罪に追い込まれた有名人、権力の上にあぐらをかき、勢いに乗り過ぎて凋落した組織など、時代の変化についていけずに苦境に立たされるケースも見受けられます。

なぜ、私たちはこんなにも何かをし過ぎてしまうのでしょうか？

それは、「もっと良くしよう」「もっと正しくありたい」「もっと認められたい」「もっと欲しい」などという思いが強くなり過ぎたときに、自分をコントロールできなくなるからです。

心配も、気づかいも、怒りも、仕事も、遊びも、どこかに「もっともっと」という気持ちが生まれたとき、必要以上にアクセルを踏んでしまう。そして、気がついたときには、もうブレーキのかけ方がわからなくなっている――これが「し過ぎる」ことの正体です。

でも、ほんの少し意識をはたらかせて「し過ぎない」ことを心がけるだけで、私たちはもっとラクに生きられるのではないでしょうか。

「し過ぎない」とは、何もしないことではありません。
大切なのは、自分にとってちょうどいいバランスを見つけることです。過度に考えず、適度に気をつかい、ほどよく働く。そうすることで、心にも体にもゆとりが生まれ、結果的にすべてがうまく回り始めます。

本書では、「し過ぎない」ことの大切さに焦点を当て、適度なバランスを見つけるヒントをお伝えしていきます。

情報過多の現代社会において、私たちは常に多くの選択肢や刺激にさらされています。そのなかで〝自分にとってちょうどいい〟を見つけることは容易ではないかもしれません。

それでも、「し過ぎない」を意識し、自分の行動や感情を適切にコントロールすることで、心のゆとりを取り戻し、より充実した人生を送ることができると、私は確信しています。

合掌

2025年2月吉日　建功寺方丈にて

枡野俊明

「し過ぎない」練習●目次

第2章 考え過ぎない
——「迷い」を断ち切る禅の教え

第3章

怒り過ぎない

——感情的にならない気持ちの持ち方

第4章

気をつかい過ぎない
――もっとラクに構えれば、うまくいく

第5章

期待し過ぎない
——あるがままに受け止めるコツ

第6章

得をし過ぎない
——穏やかに生きるヒント

第7章

我慢し過ぎない
――いつか爆発しないための心得

第1章

頑張り過ぎない

——それが自分を見失わないコツ——

1-1

「完璧主義」にさよならする

――「こうあるべきだ」に憑りつかれない

頑張り過ぎる人の多くは、完璧主義者のようです。中途半端では納得がいかず、完璧にしなければ前に進めない。そのため、頑張り過ぎてしまいます。

仕事、学業、家事、趣味……何であれ、完璧を目指すのはよいことです。しかし、そのすべてにおいて完璧にできる人はいないでしょう。何か一つでも完璧にこなせるならば、その才能はもちろん、努力や集中力が備わっている人といえます。

人は環境などの影響を受けて感情や体調に左右されやすく、どれほど才能に恵まれていても、どんなに努力しても、常に完璧な結果を出すことは難しいものです。

ですから、完璧に近づこうとする姿勢はよいのですが、**完璧にできなければ自分が許せなくなるようでは本末転倒**です。

こんな例はいかがでしょう。

お客さまが来訪されるので門前の落ち葉を掃きました。きれいになって、自分も清々《すがすが》しい気持ちになりますね。お客さまもきっと清々しい気持ちになるでしょう。ところが来訪直前、フワッと風が吹き、また落ち葉が舞い落ちてしまいました。

あなたなら、落ち葉をもう一度掃きますか？

「せっかくきれいに掃き清めたのに」と、**掃かなければ居ても立ってもいられない気持ちになる人は完璧主義者といえる**でしょう。そうして箒を持ったまま、お客さまを迎えたならば、お客さまは早く来過ぎたかと気まずい思いをされるかもしれません。

いっぽう、お客さまを迎えるためにやることはやったのだからと、自分を許すことができる心に余裕のある人は、来訪されたお客さまにお茶を出しながら「**たった今、ひと風吹いてしまいましたが、落ち葉も素敵ですね**」**と笑顔で言えるはず**です。

どちらも、きれいに掃き清められた場所にお客さまを迎えたいという気持ちは変わりません。ここで大切なのは、お客さまを気持ちよくお迎えするためには、今、どうしたらよいかということです。

固執してしまうと、柔軟心がなくなる

「柔軟心《にゅうなんしん》」という禅の考え方があります。

先入観や固定観念、思い込みにとらわれない心の状態を意味します。「やわらかく、しなやかな心で生きなさい」という教えであり、自分の価値観のなかだけで、ものごとを見るのではなく、高く広い視野で考えることが大切です。

現代語の「柔軟」も、かたよらず、さまざまなものに対して素直に対処できる様子を意味する言葉ですから同様にとらえてかまわないでしょう。

「こうあるべきだ」「こうあらねばならぬ」と、一つのことに固執してしまうと、柔軟心はなくなります。

完璧を求める人は「こうあるべきだ」に縛られていますから、状況や相手に応じて自由自在に変わっていくことに対して、どうしても否定的になります。いろいろな場面で、一つのことに縛られて、いつも気が休まりません。

柔軟でいることは、状況に流されて自分を甘やかすことや弱さではありません。

変化に対応する自由さは、むしろ強さであり、結果として成功や幸福感につながるものです。

1-2

最後は天に任せればいい

——どれだけ準備しても不安な人へ

前項で「完璧主義を捨てましょう」というお話をしましたが、**失敗するのが怖くていくら準備しても不安な人も多い**ようです。

準備をし過ぎて疲れてしまうような人です。

人はなぜ、不安になるのでしょうか――。不安にはいくつかの理由があります。

未来が見えない不確実性が人を不安にさせます。この先どうなるかわからず、失敗するかもしれないという恐れが心をざわつかせます。

また、過去にうまくいかなかった経験があると、また失敗するのではないかと心配になることもあります。

あるいは、周りの人をがっかりさせたくないという気持ちが強いと、失敗が怖くなります。**自分はできるはずだ、自分に失望したくないという気持ちも同様**でしょう。

そして前項のように完璧を求め過ぎると、小さなミスや失敗が大きな問題のように感じられてしまいます。

しかし、どうでしょう。あらゆるものごとにおいて、自分の力だけで完璧に達成できるということはありません。社会状況や周りの人の助け、さまざまなものが関係してきますから、自分がどんなに努力しても、結果としてうまくいかない場合もあるものです。

現代人は万能感が高まっている

準備をし過ぎて疲れてしまう人が多くなったのは、現代人は万能感が高まっているからではないかと私は感じています。

現代社会は、テクノロジーが急速に進化しました。たとえば、インターネットは、ほぼすべての情報に対して即座にアクセスを可能にしました。これまで非常に時間がかかっていた作業も、人工知能（ＡＩ）によって瞬時にできるようになりました。

テクノロジーの進化のおかげで**生活や仕事における多くの課題が簡単に解決できるようになり、「自分は何でもできる」という万能感が生まれた**ように思います。

あるいは、ＳＮＳ（ソーシャル・ネットワーキング・サービス）には、他者の成功や充実した生活ぶりが頻繁に投稿されます。それを見て「自分も同じようにできるはずだ」という焦りが助長されていきます。

こうした万能感や焦りがプレッシャーとなり、「期待に応えなければいけない」「失敗できない」と恐怖心を強くしているのではないでしょうか。

人間は万能ではありません。先般の新型コロナ感染症によるパンデミックや、地球温暖化による自然災害などは、人間の行為によるものであり、受け入れざるを得ないのです。あるいは、突然の事故や病気も同様です。もちろん、わが身にふりかからないための用心はしますが、**起こってしまったら受け入れざるを得ません。**

人は、行為の結果をすべてコントロールできるわけではないのです。

準備をし過ぎて疲れてしまう人は、**自分が準備できるのはどこまでなのか、ゴールを明確にすることが大切**です。

「ここまで準備したら、明日に備えて休もう」と決めてしまうのです。そうすれば、「もっとやらなきゃ」という不安を抑えることができます。

「人事を尽くして天命を待つ」ということわざを出すまでもなく、やるだけのことをやったなら、あとはもう天にお任せ、仏さまにお任せすればいいのです。

1-3

諦めるのは早過ぎても遅過ぎてもよくない

――仏教の教え「諦めるとは、明らかにすること」

仕事、学業、趣味、恋愛……、何ごとにおいても諦めるのが早過ぎる人がいます。「どうせ、やっても無理に決まっている」「失敗すると心が折れるから、早くやめておこう」「私には高嶺の花だから告白はやめよう」などと、何もしていないのに、あるいはちょっとやりかけただけで諦めてしまう人です。

諦めが早過ぎる人の多くは、**自己防衛感の強い人**だと思います。失敗したり、傷ついたりするのが怖いから、「どうせ無理」と思うことで挑戦自体を避けているのです。挑戦しなければ失敗もありませんし、自分も傷つかないということでしょう。

しかし、諦めが早過ぎることには、いろいろなマイナス面があります。

まず最初に「自分には無理だ」と思ってしまうと、自分の力を信じることが難しくなります。**「やればできるかもしれない」という気持ちを育てる機会が減ってしまい、自信がつきません。**

さらに、自身の成長のチャンスを逃してしまいます。やりつづけることで得られるであろう知識や技術が身につかないままで終わってしまいます。

当然のことですが、目標達成が遠のきます。目標を達成するためにはたいていの場合、時間や努力が必要です。しかし、すぐに諦めてしまう人は、目標に近づく前に努力をやめてしまいます。勉強やダイエットでも、少しやっただけでは効果が出ないことはおわかりですね。

そして、諦めるのが早過ぎることの最大のデメリットは、**周囲に「頼りにならない人」と印象づいてしまう**ことです。そういうレッテルを貼られたら、頼みごとや大切な仕事を任せてもらいにくくなるでしょう。

では、諦めが早いことのプラス面を考えてみましょう。

まず、ムダな努力を避けられます。どうしても自分に合わないことや、やる価値がないことに時間を使い過ぎないので、**他のことにエネルギーを回すことができます。**

また、諦めが早い人は、気持ちの切り替えが早く、柔軟で、判断が早いということです。すぐに次のことに向かうことでチャンスが得られ、新しい可能性が広がります。他の方法や選択肢を見つけることもできるでしょう。

そして何より、**諦めることで心の負担が軽くなり、ストレスが少なくなる**でしょう。無理をしないのは、心の健康にはよいことです。

諦めが悪い人の共通点

いっぽうで、諦めが遅過ぎる人もいます。さまざまなことに**執着心の強い人**だと思います。強い意志や粘り強さは大切ですが、無理をしてつづけることで自身の気力や時間を消耗し、本当に大切なことを見失ってしまう場合もあります。

諦めが遅過ぎる人のマイナス面を考えてみましょう。

目標に向かって努力しつづけるのはよいことですが、どうしても達成できないことや、すでに意味がなくなってしまったことにこだわり過ぎると、貴重な時間やエネルギーを浪費することになりかねません。

一つのことにこだわり過ぎると、他のチャンスや新たな方向性を見いだす機会を逃し、その結果、大きな可能性を損なうリスクがあります。

また、無理に継続することで強いストレスや焦りが生まれ、精神的にも疲れ果てます。最悪の場合は、うつ状態になるなど健康リスクも懸念されます。

諦めが遅過ぎることは周囲にも影響します。一人のこだわりや執着に周囲が巻き込まれ、現実的な目標を逸脱して時間を浪費してしまうこともあります。**職場のチームや家族の協力関係に悪影響を及ぼす**ことは当然です。

もちろん、諦めが遅いことにもプラス面があります。粘り強く努力しつづける力があり、その精神力は難しい課題や困難な状況を乗り越える武器になります。**諦めずに挑戦をつづけることは、成功の可能性を最大化させます。**

そして諦めずに努力をつづけて目標を達成できたなら、大きな達成感や自己肯定感が得られるでしょう。

諦めない人といえば、真っ先に、発明王のトーマス・エジソンが思い浮かびます。

「人生に失敗した人の多くは、諦めたときに自分がどれほど成功に近づいていたか気づかなかった人たちだ」

「私たちの最大の弱点は諦めることにある。成功するのに最も確実な方法は、常にもう一度だけ試してみることだ」

彼は、諦めの遅さを、このようにポジティブにとらえています。

諦めが早いと遅い、どちらがいい？

さて、諦めが早い人と遅い人、どちらのほうがよいのでしょうか──。

仏教における「諦める」の意味を知れば、心にストンと落ちるかもしれません。

日常で使われる「諦める」は、「断念する」「放棄する」というネガティブな意味ですが、仏教では**「諦める＝明らかにする」**ということですから、「真理（ものごとの真実）を知る」というポジティブな意味があります。

ものごとを冷静に見つめ、真理をはっきりと明らかにさせたうえで、真理に合わないものは捨てる──その「**手放す勇気**」**が、ものごとを正しい方向に導いてくれる**ということです。

真理を明らかにすれば、諦めが早いも、諦めが遅いも、ポジティブにとらえることができます。

1-4

「人に勝つために頑張る」をやめる

――そのほうがラクに生きられる

「同僚のアイツより営業成績を上げるぞ」
「ライバル会社に、絶対に後れを取るわけにはいかない」
資本主義経済を基盤とする世の中において、個人や企業が競争を通じて成長を目指すのは当然のことです。他者や他社に勝つことで利益を生み出し、地位を確立していきます。それは多くの場合、数字や成果などの目に見えるかたちでの**「勝ち負け」が評価の基準**となります。

そのために、私たちは頑張ります。人に勝つことが自分への評価の基準となる以上、自分の成長を目指すには頑張り抜くしかないと考えてしまいます。

学業や趣味でも同じです。一緒にやっている仲間であっても、熱中すればするほど、あの人より上に行きたいと頑張り過ぎてしまいます。

ところが人に勝つために頑張り過ぎてしまうと、自分自身の心身が疲弊してしまいます。

なぜなら、**他者を基準に行動することになりますから、自分を見失ってしまいます。**自分の持ち味や価値が見えなくなり、他者との比較ばかりにとらわれてしまいます。あるいは他者を基準にすることで、本当に自分が求めていることが見えなくなります。

そのときは相手に勝つことができても、**また次の戦いが待っているのですから、心身が休まるときがありません。**まさに、終わりのない戦争です。

そして、人に勝つために頑張り過ぎると、他者との関係にも影響を及ぼすことがあります。「自分が、自分が」と人を蹴落としてでも勝ちたいという気持ちが強過ぎると、自分の周りから自然に人が離れていきます。最悪の場合は、人間関係にヒビが入ることもあるでしょう。

競う相手は他者ではなく、自分

人との勝ち負けにこだわることは、いうまでもなく、他者と自分をくらべることから始まっています。

禅の基本的な教えは「**他と比較しないこと**」。

それは、自己の本質を見失わないためです。

前述のとおり、他者と自分を比較することは、嫉妬や劣等感、優越感、不安や焦りなど、心の迷いを引き起こし、自己を見失う原因になります。

人に勝った、負けたと一喜一憂しても意味がありません。**他者と自分をくらべることは、人生における大いなる損失である**と私は思います。

競う相手は、他者ではなく自分です。

自分自身が成長するために頑張るなら大賛成です。

そもそも**人間は怠け心が優先し、ラクなほうへ、ラクなほうへ、心のベクトルが向いている**ものです。

「寒いから、あと10分だけ寝ていよう」「今日はもういいや。明日やろう」――。

そんな怠け心と競って「朝活を決心したんだ。よし、起きよう！」「今日やると決めたものは、今日やってしまおう」と頑張れば、それは確実に自分の力になります。

メジャーリーガーの大谷翔平選手の姿を見ればわかるように、決して誰かとくらべることなく、最善の努力をつづけて技術を高める――。それが結果として、ワールドシリーズ優勝につながっているのです。

1-5

優しさも過ぎると、優しくなくなる

――大切なのは「思いやり」

「人に優しくしなさい」

誰もが子どもの頃から教えられてきました。

「優しさ＝善」と刷り込まれてきたのです。

だからでしょうか。多くの人は、優しさが足りないなんてもってのほか、**優し過ぎるぐらいがよいことだと思っている**ようです。

「優しい人」を貫きたいあまり、自分を犠牲にして相手に優しくしたり、相手の頼みごとをすべて受け入れたりする人もいます。しかしそれは、相手にとって都合のいい人なだけです。第一、自分自身にとって優しい人ではありません。

さらには、頼まれていないのに**優しさを押し売りする**ような人もいます。

たまたま入った蕎麦屋さんで食べた蕎麦がとてもおいしかったとしましょう。そのことを知人に「〇〇屋の蕎麦、とてもおいしかったですよ。機会があれば食べてみてはいかがですか」と言うのは優しさです。

ところが、「おいしかったから、これから一緒に食べに行きましょう」と、相手の事情も考えず無理に誘うのは優しさの押し売りといえます。

とてもおいしいと感じた蕎麦を、知人にも食べさせてあげたいと思う優しさは同じでも、表現の仕方ひとつで優しさが過ぎてしまいます。余計なおせっかいも、優しさの押し売りです。

本当の優しさとは、相手の気持ちに寄り添い、損得を考えず、見返りを求めず、相手のためになることを行うことです。

それは、**自分を犠牲にしてまで相手に尽くし、相手の要望を何でも聞き入れることではありません。**困っている人がいたら自分のできる範囲で手助けしてあげるのは当然ですが、相手に依存心を抱かせないことが、相手のためにもなる本当の優しさです。

また、相手に悪い点があるなら、それをきちんと指摘してあげることも優しさでしょう。

「優しさ」と「思いやり」は似て非なるもの

人に優しくするのはとても大切なことですが、前述のように、意識して優しくし過ぎて「相手に都合のいい人」になってしまったり、優しさを利用して自分の価値を高めようとする「優しさの押し売り人」になってはいけません。

私は**「思いやり」を大切にすることで、本当の優しさに近づけるる**ように思います。

「優しさ」と「思いやり」は、似て非なるものです。

優しさとは相手のためになることを行うこととすれば、思いやりは、相手の身になって考え、察して、気づかうことです。思いやりは、行為や言葉よりも、「思い」が優先されます。ですから〝し過ぎる〟ことはありえないのです。

仏教の教えの根本には**「慈悲」**があります。

慈悲の「慈」は、生きとし生けるものの幸福を願う心、「悲」は、生きとし生けるものが苦しみや困難から解放されることを願う心です。

つまり、慈悲とは「生きとし生けるものすべてが苦しみから解き放たれ、幸せになれるように」と願うことです。

行為や言葉を含めて優しさであると思いますが、まずは思いやりの気持ちから始めてみませんか。

1-6

ポジティブにも限度がある

——度が過ぎると、自分も周りも不幸にする私は「ポジティブ思考」をテーマにした本を何冊か上梓しています。

ポジティブに生きることのメリットはたくさんあります。

ポジティブに生きることは第一に、自身の幸福度を高めます。

「できる」と信じることで行動力が増し、目標達成の可能性が高まります。

たとえ困難な状況にあっても、ものごとをポジティブにとらえることで、ストレスを感じることが少なくなります。また、ポジティブな人は、周囲にもポジティブ感をもたらして人間関係が良好になり、手助けを得ることもできます。

何ごとにも前向きに、ポジティブにとらえて取り組むことは、禅の教えにかなっています。**「禅即行動」は、ポジティブ思考の最高の教え**です。

禅即行動とは、「あれこれ考えず、すぐに行動することが、今を大切に生きることである」という意味です。

禅即行動を実践するには、ある程度の開きなおりが必要です。

私自身、新たな挑戦をするときには、「どうにかなるさ」という気持ちで即行動に移します。たとえ失敗しても、後悔することはありません。かならず再チャレンジのチャンスはめぐってくるものです。

そうは言っても「どうにかなるさ」と開きなおりの気持ちで即行動に移すというのは、やや思い切り過ぎではないかと思われるかもしれません。しかし、**何の準備もしないで見切り発車しなさいと言っているのではありません。**

たとえば、あなたは仕事で初めてプロジェクトリーダーに抜擢されたとしましょう。右も左もわからない新人が指名されるわけはありません。あなたには少し荷が重いかもしれませんが、「これまでの経験を生かして挑戦してみてはどうか」という上司の配慮でしょう。

「どうせやってもうまくいかないので」と辞退するようではいけません。そんなときこそ「なんとかなるさ」と挑戦するのです。

かといって、**ポジティブ思考も過ぎてしまうと、さまざまなデメリットが生じます。**

まず、現実を直視しなくなります。過度に楽観視することで、重要な問題点を見落とすリスクが高まります。たとえば、「このままやっていけば何とかなるさ」と信じ込み過ぎて、**軌道修正を行わずに失敗してしまいます。**

ネガティブな感情を無理に抑え込むことで心のなかに不満やストレスがたまります。たとえば、「こんなことで落ち込んではいけない」と自分を鼓舞しているつもりでも、心のバランスを失ってしまいます。

そして、**他者に過度なプレッシャーをかけてしまう場合もあります。**「頑張ればできる」「もっと前向きにならないとダメだ」といった言葉は、相手を追い詰めることになりかねません。ポジティブ思考の人をウザいと感じる人の多くは、このタイプでしょう。

あるいは、過度なポジティブ思考によって、自分次第ですべてうまくいくと信じ込み過ぎると、**失敗したときに失望のあまり、自分を責める危険性があります。**失敗は自分の力不足、努力不足だったと大きな責任を感じてしまうのです。

心を後悔から検証へ振り向ける

結果が良ければ万々歳。しかし、うまくいかなかったときは「やっぱり引き受けなければよかった」「まだまだ自分は力不足だ」と、引き受けたことを後悔する人もいるでしょう。後悔しても結果は変わりません。

ポジティブな生き方をして、たとえ挫折しても、悔やむ必要はありません。失敗したときこそ成長のチャンスです。

大切なのは、心を「後悔」から「検証」へ振り向けることです。

失敗をどうすれば自分の成長につなげられるのか、あるいは、どうすれば二度と同じ過ちを繰り返さないですむのか――。禅とは、その術《すべ》を教えるものでもあるのです。

たとえば、自分の不用意な言葉によって、上司に大変な迷惑をかけたとしましょう。そんなとき、後悔にさいなまれて、もう発言はよそうと口をつぐむようになったら、成長はできません。自分の失敗の原因をしっかりと検証するのです。

言葉を発する前に「この言葉は相手を傷つけないだろうか」「相手にどう受け止めら

れるだろうか」と一拍置いて、心で考える癖をつけたなら、それはあなたにとって大きな成長であり、かけがえのない財産になります。また、それをきっかけに、上司との関係もこれまで以上に良好になるでしょう。

100%失敗することはない

そんなに都合よく失敗の検証はできるかな？疑問に思う方もいるでしょう。大丈夫、誰でも容易にできるのです。

何かに取り組んだときに、うまくいかないことは多々あると思いますが、**100%失敗ということはまずありません。**

ポジティブになり過ぎず、ネガティブになり過ぎず、冷静に検証してみれば、たいていの場合、「ここまではうまくいっていたけど、あそこで判断ミスをしたからダメだったんだ」と何かしらの答えが見つかるものです。それに自分で納得できれば、次からは失敗しないでしょう。

それがあなたにとって大きな財産になり、自信にもつながります。

「し過ぎない」練習

第2章

考え過ぎない

――「迷い」を断ち切る禅の教え――

2-1

考え過ぎたら動けなくなる

——結果、チャンスを逃してしまう

本章では「考え過ぎない」ことについて深掘りしていきましょう。

どうすべきか考えれば考えるほど、不安や心配の妄想が大きくなり、なかなか動き出せなくなることは誰にでもあります。よからぬ妄想が大きくなると、なおさら動けなくなって悪循環に陥ってしまいます。

考え過ぎて不安や心配の妄想が大きくなる前に動き出すことには、さまざまなメリットがあります。

まず、**先延ばしを防ぐことができます。**

浅はかな行動は失敗を招くもとになりますが、**長く考えつづけると行動が後手後手に回ります。**

たとえば、一週間後に提出しなければならないレポートがあったとします。

レポートをつくるためには、最初に資料を集め、それを読み込んで要点をまとめ、自分の意見を述べる。その手順はわかっていても、考え過ぎる人は、**資料集めの段階であれこれ悩んで考えあぐねてしまいます。**

資料集めだけに何日もかけて、資料の読み込みにすら進めません。こうして、期日までにレポートを仕上げられず、おざなりに提出することになります。

考え過ぎない人は、これかなと思った資料をとにかく読んで要点をまとめてみます。**それがちょっと違うなぁと思ったら、また違う資料を当たってみます。**このようにして自分の意見をボトムアップさせていきます。そして40点から60点へ、さらには80点へ、レポートを仕上げていきます。

考え過ぎなければ、「やるべきことは何か」がより明確になります。考え過ぎない人は、やるべきことが見えているからこそ、先延ばしするようなことはありません。

そして、素早く行動することでチャンスをいち早くつかむことができます。競争が厳しい現代社会において、多くのチャンスは一瞬で消えてしまうものです。**考え込んでいる人は、チャンスを逃す確率が高くなる**でしょう。

考え過ぎない人は成長できる

考え過ぎずに行動を起こせる人は、実際の経験からいろいろなことを学ぶことができます。素早く行動することで、それをベースに修正しながら進むことができるので効率的に成果を上げられます。行動を起こさなければ、いろいろな人からフィードバックも得られません。

考え過ぎない人は、しっかり考えてから行動する人より失敗は多いかもしれません。しかし行動力は目標実現への第一歩であり、たとえ失敗しても、そこからさまざまなことを学ぶことができます。まさに、前章の最後にお話しした「即行動」が自分自身を成長させてくれているのです。

用心の上に用心を重ねて、慎重にものごとを運ぶことを「石橋を叩いて渡る」といいますが、用心に用心を重ねた結果、行動しない〝石橋を叩いても渡らない人〟がいます。考え過ぎて動けなくなる人は、まさにこのタイプですね。

よく言えば慎重で冷静な人ですが、それが過ぎれば優柔不断な人と受け取られてしまいます。机上の空論ばかりで行動を起こさない人は、**実際の経験から得られる成長やスキルの習得ができません。**

即行動は他者への思いやりでもある

私も、考え過ぎず、即行動を常に意識しています。

その意識のあらわれが、**仕事を溜めないこと**です。来た仕事はすぐその場で処理します。あとでやろうと思って放っておくと、どんどん仕事が溜まって処理しきれなくなります。

もちろん、庭園デザインとか書籍の執筆などボリュームのある仕事は継続的にこなしていきますが、他の1～2時間でできる仕事は、継続中の仕事に割り込ませてサササッとやってしまうのです。礼状などなら、最初の2～3行を書き出してしまえば意外と早く終わります。

出版社から送られてくる原稿のチェックなど戻し日が決まっているものも、**期日に合わせてではなく、届いたら真っ先に読んでしまいます。**そうでなければ、仕事が重なってくるとうっかり忘れてしまう場合もあります。

挨拶状や礼状書き、原稿チェックなどは早く仕上げれば、先方にとってもうれしいことでしょう。**即行動は自分自身のためでもあり、他者への思いやりでもある**のです。オフィスでも、部下から「ちょっと見てください」という書類を、「あとで見ておくから、そこに置いて」とあと回しにする上司は多いでしょう。しかし、すぐ見て判断してあげれば、部下はムダな時間を過ごさずに、すぐに次の仕事に進めます。

「仕事は忙しい人に振れ」——これがビジネスの鉄則とされています。

忙しい人は常に多くの仕事を抱えているため、効率的な仕事の進め方を身につけています。

優先順位の判断が早く、時間管理がうまいので、その結果、新しい仕事を追加されてもスムーズに取り組むことができるというわけです。**忙しい人は、考え過ぎない人の代表**ともいえるでしょう。

2-2

損得ではなく、ご縁で即断する

――「縁」で選べば、迷わずに生きることができる

「今日のお昼はAランチにしようか、それともBランチか」「新しいスマホに買い替えるか、もう少し我慢して使おうか」「二つの会社から内定をもらった。どちらを選ぶべきか」「地方支店への異動を打診された。受けるべきか、断るべきか」——。

私たちは日々、選択の連続のなかを生きています。

ものごとを取捨選択するとき、あなたは何を判断基準としているでしょうか。

たいていの場合、「損得」「善悪」「正誤」「成功失敗」「好き嫌い」「美醜」といった、自分で決めた二元論に当てはめて選択しているのではないでしょうか。

ランチの選択程度のことであれば、ちょっぴり幸せを感じたり、がっかりするだけですみます。

しかし、人生を決めるような大きな選択において失敗すれば、後々まで後悔するかもしれません。だからこそ、どちらを選択すべきか大いに悩みます。

私は僧侶という立場から、お檀家さんや知人などからいろいろな相談を受けます。

他愛ない相談もあれば、ときには人生を左右する重い選択を相談されることもあります。

私は相談を受けたときには、聞く側に徹することにしています。よく話を聞いているうちに、その方の悩みごとの本質が見えてくるからです。

そしてたいていの場合、その方の選択はすでに決まっていて、**私に背中を押してほしいだけ**なのだと感じます。

私の答えは決まっています。

「ご縁を感じるほうをお選びください。そうすれば、たとえ失敗したとしても後悔しませんよ」

ものごとは思い描いたとおりに進むことはまずありません。それが世の常だと思います。それなのに、自分の損得を選択基準にするから「損をしてしまった」「くやしい」と後悔します。

それを聞いて多くの方はハッとわれに返ります。「そうか、**自分主体で考えるから思い悩むのか**」と思いなおし、帰路についてくれます。

ご縁で選べば、後悔は少なくなる

たとえば、同時に二つの仕事が舞い込んだとき、自分のキャパシティでは両方とも受けられないならば、どちらかを選ぶことになるでしょう。

そんなとき、金銭的な条件、仕事のラクさ加減などの損得勘定、つまり **〝経済的な物差し〟で選びがち**です。

もちろん、仕事ですから利益を上げることは大切です。しかし、利益にばかり縛られて割のいいほうを選んでも、それが正解とは限りません。いざやってみると、トラブルが多かったり、思わぬところで手間がかかったりして、**結果的に割に合わない仕事になることもあります。**

そこで「縁」の登場です。

縁とは「人と人とのめぐり合わせや結びつき」を意味し、そもそも仏教に由来する言葉です。

仏教でいう〝縁〟とは、**すべてものごとが相互に関わりあって存在している**ことをいいます。あらゆる存在は、無限の過去から関連し合いながら現在に至っているのです。

ようするに、長年おつき合いのある方の仕事と、初めてお目にかかる方の仕事とだったら、おつき合いのある方との仕事を選ぶ。あるいは知人からの紹介だから、ちょっと無理をしてでも引き受けるということもあるでしょう。

ご縁とは、まさに〝人間的な物差し〟なのです。

ご縁を感じるほうを選べば、多少割に合わなくても、先方から感謝の言葉がいただけたりして、くやしく思うことはないでしょう。

二元論を手放して、ご縁を大事にすれば、大きな後悔は少ないと思います。

この仕事には、ご縁がなかったんだ

2020年に起こった新型コロナウイルス・パンデミックは、人々の生活にはもちろん、仕事にも大変な影響を及ぼしました。

私の庭園デザインの仕事においても大変な事態が起きました。なかでも、ある方とのご縁でデザインをした海外プロジェクトが進まなくなってしまったのは、大変残念な出来事でした。私自身、楽しみにしていたプロジェクトでした。

何度か現地に足を運び、設計もかなり細かな部分まで仕上がっていて、「さぁ、工事監理に移るぞ」という矢先に新型コロナウイルスが襲来したのです。

いろいろな仕事をやりくりしながら、ようやく着工段階までたどり着けたものですから、とてもがっかりしましたが、すぐに思い直しました。

途中で断念せざるを得ないということは、**この仕事にはご縁がなかったんだ**——そう思うことで納得できたのです。そして、次の仕事にすぐに全力投球できました。

もしこれが「話題になるプロジェクトだし、すごい売上げになるぞ」などと**損得勘定で請け負っていたならば、平静ではいられません。**「なんで、こんなときにコロナが……」とショックが大きく、何もやる気が起きなくなっていたかもしれません。

さらに、次に同じようなプロジェクトのチャンスがめぐってきても消極的になってしまうかもしれません。

ご縁を判断基準とすれば、悩まず迷わずに生きることができます。

2-3

常識に
とらわれ過ぎない

——ありもしない縄で、自分を縛りつけない私は、ビジネス雑誌の編集者から「保守的で常識にとらわれ過ぎている上司のトリセツを教えてください」といった質問を受けることがあります。

部下が新しいプランや戦略を提案したとき、「前例がない」「失敗したときのリスクが高い」「これまでの方法で成果が出ている」などと、上司が部下の意見を聞き入れないことはよくあるようです。

会社の上司に限らず、**常識にとらわれ過ぎて自分の行動や選択肢がせばまり、日常の社会生活においても柔軟性や自由を見失っている方は多い**と思います。

なかには「常識は絶対的なもの、普遍的なもの」と勘違いしている方もいらっしゃるようですが、そうではありません。

常識とは、社会を円滑にするための基本的なルールや価値観のことです。

世界が違えば常識も違いますし、常識は時代とともに変わっていくものでもあるのです。常識は一つではありません。異なる文化のもとでは、自分の常識が通じないことも多々あります。

常識にとらわれ過ぎることにはさまざまな問題点があります。

常識に過度にとらわれると、個性や創造性を抑え込むことになります。

まず、個性が失われます。常識を気にし過ぎるあまり、自分らしさが薄れてしまいます。そして自分の価値観まで他者に合わせるようになれば、ストレスが増し、自己否定にもつながってしまうでしょう。

また、自由な発想が制限されます。上司が部下の意見を聞き入れないのは、たいていの場合、常識に固執するからです。新しいことに挑戦し、未知の領域に踏み込む勇気が失われています。

常識とはあくまでも目安や参考といったガイドラインであり、**それを超えた行動がときに新しい価値を生み出すことがある**と私は考えます。

「常識」というフィルターを通さない

「無縄自縛《むじょうじばく》」という仏教語があります。

「ありもしない縄で自分自身を縛りつけている」という意味です。

つまり、自分がつくり出した思い込みや固定観念、心の制限、世間の常識によって、自由な行動や発想ができなくなっている状態をあらわします。自分の内側にある思い込みや常識による束縛から抜け出すことの重要性を教えてくれています。

常識にとらわれない人は、**心の鏡をいつも磨いています。**ピカピカに磨かれた鏡は真実をそのまま映し出します。それを「常識」というフィルターを通さずに柔軟な心で見つめることで、新たな気づきがいっぱいあります。

街を歩いていても、「最近はこんなスタイルが流行しているんだな」と、道行く人のファッションを興味を持って見ることができます。

食事をしても「テーブルに庭の花が飾られているな」「この店は季節に合わせて食器も衣替えしているんだな」と、ふだんは気づかなかったところにまで目が行きます。

常識にとらわれなければ、さまざまなことをスポンジのように吸収することができます。そうなると、毎日の仕事でも新たな気づきがたくさん出てきて、より前向きに取り組むことができます。

2-4

自分の判断に執着し過ぎない

——この考えを手放したらどうなるだろう、と想像する

「朝令暮改《ちょうれいぼかい》」という言葉があります。文字どおり「朝出された命令が夕方には改められる」という意味であり、ルールや方針が頻繁に変わることをいいます。

リーダーが方針を頻繁に変更すると現場は混乱し、業務効率が低下します。部下や周囲の人たちは、また変更されるのではないかと不安を抱え、モチベーションが下がります。そのようなリーダーは信頼を失いかねません。

朝令暮改は一般的にはネガティブなイメージが強い言葉ですが、良い面もあります。状況が急激に変化するなかでは、**迅速に方針転換することによって危機を回避できます。**また、競争が激しく不確実性が高い場面では、柔軟に対応することで組織の生存につながることもあるでしょう。

リーダーが失敗を認めて素早く修正するととらえれば、朝令暮改は評価できます。**間違った判断を引きずるより、早めに軌道修正するほうが結果的によい場合も多い**でしょう。

それでは「朝令暮改」の反対語「**終始一貫**」はどうでしょうか。

終始一貫とは、「態度や言動が始めから終わりまで変わらない」というポジティブなイメージの言葉です。

終始一貫の人がリーダーになった場合は、「この人の言葉はブレない」ということで信頼感や安心感を得ることができます。また、目標を定め、途中で目移りしない姿勢が周囲を引き込みます。たとえば長期的なプロジェクトでは、目標に突き進む一貫性が鍵となるので成功の確率も高くなるでしょう。


いっぽうで、終始一貫にも**「自分の考えに執着して主義主張や方針を変えようとしない」**という悪い面があります。

それは柔軟性の欠如であり、変化が必要な状況でも考えを変えられず機会損失を招く場合もあります。

また、自分の主義主張に固執し過ぎることで、異なる意見を持つ人と対立したり、聞く耳を持たない態度がチームの結束を揺るがす原因になります。社会や市場環境が変化しているのに対応できなければ、組織が取り残されることも考えられます。

「朝令暮改」と「終始一貫」、**どちらも過ぎれば自分の成功が遠のくばかりでなく、周囲に迷惑が及びます。**

意固地になっていませんか？

自分の考えに執着し過ぎる人は、過去の成功体験に固執して新しい方法を試さなくなり、自己改善や組織の成長が停滞することがあります。

あるいは「これは間違っているかな」とぼんやりと感じながらも**意固地になって意見を曲げない人も多い**ように感じます。みんなに言ってしまった手前、ここで曲げたら自分の立場がないと思うのかもしれません。

自分の考えに執着し過ぎる習慣を改善するためには、少しずつ柔軟な心を育むことが大切です。

「この自分の考えを手放したら、どうなるだろう」と想像してみてください。じつは大きな影響がないと気づくことがあります。執着は自分でつくり出している場合が多く、**実際はそこまで重要ではない**ことに気づけます。

そう気づくことができれば、心に余裕ができ、違う考え方や意見を知る楽しさを感じられるはずです。

2-5

迷い過ぎない

——「本来の自己」を失っていないか

洋服選びからレストランの注文、旅行の行き先、転職や結婚の決断まで、人生は選択の連続ですから、迷ってなかなか決められないという方は多いと思います。いつもスパッと決められればいいのにと思いながら、優柔不断で迷ってしまう人です。

迷い過ぎてしまう理由は、心理的・環境的な要因が絡み合っています。

大きな理由の一つとして、**失敗への恐れ**があります。失敗を恐れる気持ちが強いと「間違った選択をしたらどうしよう」と過度に心配し、決断を先延ばしにしてしまいます。そういう方は「失敗は学びの一部である」ととらえて、恐怖心を軽減させるとよいでしょう。

他者の評価を気にし過ぎる人も、優柔不断になりがちです。他者の意見や反応が気になって、自分の意思よりも「どう見られるか」を優先してしまい、迷いが生じます。自分の価値観や目標を明確にして、それを判断基準にするようにしましょう。

選択肢が多い場合も、比較する要素が増えて選びきれなくなります。いずれかを選べば他の可能性が失われるというプレッシャーが影響しているのでしょう。選択肢が多過ぎる場合には、どうしても捨てられない条件を絞ってみるなど、自分でルールを決めるのもよいかもしれません。

さらに近年は、**情報過多が迷い過ぎる理由になっている**ように感じます。情報が多過ぎると、どれが本当に重要な情報なのかがわからなくなり混乱を招きます。

現代社会は私たちが好むと好まざるにかかわらず、膨大な情報が押し寄せてきます。ちょっと油断すれば、その情報に惑わされ、流されてしまいます。

「口コミはこっちがよかった」「ランキングはこっちが上位だ」――そこには自分自身の考えや意見がまったく反映されていません。

もちろん他者の意見を参考にするのはよいことですが、それでは自分を見失っていきます。

「心」が本来あるべき姿ではなくなっている

私は、迷い過ぎて決められないことの本質は「**本来の自己**」を**失っているため**だと考えます。迷いの心に振りまわされてしまうのは、心が本来あるべき姿ではなくなっているからです。

人間は一点の曇りもない無垢な心で生まれてきます。それを**「本来の自己＝仏性《ぶっしょう》」**といいます。

無垢な心である「本来の自己」も、長い年月を生きていくうちにさまざまな経験をとおして**「執着」「妄想」「不安」「怒り」など負の感情に覆われていきます。**そこで、本来あるべき心を取り戻すのに役立つのが禅の教えです。

持って生まれた「本来の自己」を取り戻すための第一歩は、情報を適度に遮断することです。「優柔不断になっているな」「迷い過ぎているな」と感じたときには、スマホやパソコンからの情報を一時遮断して、**その選択に対して自問自答する時間をつくってみてください。**それは5分でも10分でもかまいません。

「自分が求めているものは何か」「自分は何が好きで、何が嫌いなのか」「どんなときに幸せを感じるのか」「いちばん大切だと思うことは何か」――そんな自問自答が、「本来の自己」を取り戻し、迷い過ぎない自分になる一助となります。

2-6

緊張し過ぎない

——ひとまず座って、お茶でも飲みましょう僧侶の仕事は、葬儀や法要で読経して故人の供養をすることだと思っている方が多いと思います。もちろん、それも大切なことですが、お釈迦さまの教えである仏教を広め、人々の悩みや不安を取り除くことこそが本来の僧侶の仕事です。

そのために法要や坐禅会などの際に、みなさんに法話をして仏教に親しんでいただきます。

そのように人前でお話しすることが多い僧侶ですから、緊張することはないだろうと思われているようですが、そんなことはありません。

私も今でこそ、さほど緊張することはありませんが、禅僧として講演会などに呼ばれるようになった頃は、壇上で大勢の聴衆を前にしたときには緊張して、手のひらや脇にジワーッと汗をかいたものです。

適度な緊張感であればパフォーマンスを上げる効果がありますが、過度に緊張すると、いつもの能力を発揮できなかったり、思わぬ失敗をしてしまうことがあります。

緊張とは、脳や体が危機に直面していると判断したときに、自然に起こる反応です。

危険を察知すると脳はストレスホルモンを分泌し、戦うか・逃げるかするための準備

をします。同時に筋肉が緊張し、心拍数が上がり、呼吸が浅くなります。緊張すると胸がドキドキするのはそのためです。

また、血流が脳へ向かうため、胃腸の血流が減少し、消化機能も低下します。緊張すると手足が冷たくなるというのも血流減少のためです。

緊張を和らげるコツは、禅修行でも行っている「**丹田呼吸**」にあります。

過度に緊張をすると、呼吸が浅くなり、ハッハッと肩で息をするようになります。いわゆる胸呼吸です。胸呼吸では、体内に十分に酸素を取り込むことができないので、血中酸素量が低下します。それを一気に改善するのが丹田呼吸です。

丹田呼吸は、姿勢を整え、丹田（おへそから約7・5センチ下の腹の中心部）を意識して行う腹式呼吸です。吐くときも吸うときも、できるだけ長く深い呼吸をします。ゆっくりと息を吐き出したあと、自然に入ってくる息を丹田に一度留めることを意識します。そうすることで胸がより開く感覚になり、酸素を十分に取り込むことができます。

緊張する場面で「深呼吸をしなさい」「心を静めなさい」といわれるのは、**丹田呼吸で酸素を体内にしっかり取り込みなさい**という意味なのです。

丹田呼吸は、緊張しているそのときだけでなく、前夜から緊張して眠れないとか、緊張して目が覚めてしまったというときにも効果的です。

感情をいったん手放してみる

「且坐喫茶《しゃざきっさ》」という禅語があります。「ひとまず座って、お茶でも飲みましょう」という意味です。お茶を飲むという行為には、リラックスして自分本来の感覚を取り戻す効果があります。

禅の教えでは、どんな状況であれ感情であれ、**それをいったん手放して〝今この瞬間〟に心を向ける大切さ**を説いています。

一般的には「そう焦らずに、お茶でも飲んで心を落ち着かせてみてはいかが」と相手の緊張を和らげる意味で使われますが、**自分自身に対して「あまりカッカしなさんな」と心を落ち着かせるメッセージとしても効果がある**と思います。

緊張に押しつぶされそうなとき、あなたの頭の中は、失敗への不安や他者の評価でいっぱいになっているかもしれません。

そんなときに「且坐喫茶」と心でとなえてみれば、一度立ち止まって、深く考え過ぎることから少しだけ離れることができます。

「し過ぎない」練習

第3章

怒り過ぎない

――感情的にならない気持ちの持ち方――

3-1

怒りも悲しみも、喜びさえもすぐに手放す

——感情を否定しない。受け入れて手放す

喜怒哀楽、愛憎、嫌悪、恐怖、不安、驚き――。人間にはさまざまな感情がありま す。感情があるのは生きている証拠であり、命ある限り感情はありつづけます。

感情は、起こった現象の単なる反応ではなく、私たちの行動や判断を導く重要な役割を果たします。

たとえば、怒りは自分や大切なものを守るためのエネルギーを生み出します。喜びは、快適で安全な状態を促進し、その状態を維持しようとするモチベーションを高めます。悲しみは、大切なものを失ったときにその喪失を受け入れ、次の行動を考える時間を与えます。このように**感情は、人間が生きるための心の警報システム**なのです。

ところが、感情も激し過ぎたり、長く引きずれば、困った存在になります。

過剰な怒りは、人間関係に深刻な問題を引き起こします。相手との信頼関係が壊れ、対立がエスカレートしたりする可能性があります。さらには、言葉の暴力や物理的な暴力に発展するリスクもあります。**怒りが抑えられずに職場で怒りを爆発させると、周囲から孤立してしまいます。**

怒りを長く引きずると常にストレス状態になり、心身の健康に悪影響を及ぼす場合もあります。怒りがこみ上げてくると寝つけないこともあるでしょう。

悲しみも、度が過ぎると深刻な問題を引き起こします。たとえば家族を失った深い悲しみで無気力の状態がつづけば体調不良を起こすなど健康への悪影響があります。また、**悲しみを引きずって、友人や仕事仲間と距離を置けば孤独感が増します。**

ポジティブな感情にみえる喜びも、過剰に求め過ぎると自己コントロールを失い、**現実的な判断ができなくなり、リスクを無視した行動につながることがあります。**たとえば投資で大儲けしたとしましょう。その喜びが忘れられず、無計画に大金を投じて失敗するかもしれません。あるいは、大きな買い物を繰り返したり、過剰な飲酒や遊びに走る可能性もあります。

「自分の感情＝自分の心」ではない

感情に引きずられるのは、**感情を自分の心と思っているから**ではないでしょうか。

喜怒哀楽などの感情は、あなたにふりかかる一時的な心の動きです。

感情を引きずらず、心を平穏に保って生きることが禅の教えです。禅では「**生きる**」**とは生死を繰り返すこと**だと考えます。人間は、息を吐いて吸う、そのひと呼吸ごとに生と死を繰り返しているのです。過去の自分はすでに死んだものであり、未来の自分はまだ生まれていません。**今この一瞬だけが、あなたが生きている〝真実の生〟なのです。**その〝今〟の積み重ねが人生です。

感情も、本来は自然に生じては消えるものであり、固定的なものではありません。どんなに強い感情も永遠につづくものではなく、やがて消え去ります。**感情は、あなたに向かって投げられた〝熱い石〟だと思ってください。**熱い石を受け取って握りつづけることは自分を苦しめるだけですから、できるだけ早く手放すべきなのです。だからといって感情の熱い石を誰かにぶつけると、ぶつけられた相手がやけどを負ってしまいます。

感情は、自分自身から湧いてくるものですが、それは自分の心そのものではありません。それに気づいたならば、感情に振りまわされることはなくなります。

自分の感情にラベルを貼る

次は、自分の感情は自分の心そのものではないことを認識し、感情をコントロールすることを実践してみましょう。

第一段階は、感情を認識することです。

喜怒哀楽などの感情が湧いていると感じたら、「今、自分は何を感じているのか？」と自問してみます。

「私は今、怒りの感情のなかにいる」「私は今、悲嘆に暮れている」などと具体的にラベルを貼ります。つまり、感情を少し離れた視点から観察します。そうすることで自分自身の感情を客観的にとらえ、俯瞰することができます。

第二段階は、湧いている感情を素直に受け入れることです。どんな感情も否定しないことが大事です。

怒りを感じていても「こんなことで怒ってはダメだ」と否定するのではなく、**「今、怒るのは自然なことだ」と受け入れます。**ネガティブな感情も自身の自然な反応として許容することで早く落ち着くことができます。

「今、自分は怒っている。でも、この怒りは20分もすれば消えるだろう」と、冷静に考えるのです。あるいは悲嘆に暮れる感情であったなら**「悲しい出来事だったが、1年後も同じ悲しみのなかで生きていくのだろうか」**と考えると、感情を和らげることができます。

第三段階は、丹田呼吸です。

前章で緊張を和らげるコツとして紹介しましたが、丹田呼吸は感情の高ぶりを抑える効果もあります。意識して深い丹田呼吸を数回繰り返してください。とくに怒りや不安を感じたときに、丹田呼吸は効果的です。

自分のそのときの感情を認識して、受け入れ、冷静に対処するのに特別なスキルはいりません。激しい感情におそわれたときこそ、しっかりと受け止め、やさしく手放してください。

3-2

何でも人のせいにしない

――相手を責めると、自分の心も荒む

「渋滞で遅れてしまいました」

遅刻したときに、トラブルで遅れてしまったと言い訳を真っ先に言う人がいます。

「そうですか、それは大変でしたね」

大人の対応としては、相手を労うのがふつうでしょう。

しかし、約束の時刻に遅れたことは、どのようなトラブルであれ、自身の時間管理のミスです。その内的要因を認めるのではなく、渋滞という外的要因に責任を押しつける。それは、**自身の心理的負担を軽減させようとする保身の言動**です。

仕事でも進行が遅れるなどうまくいかないと、人のせいにする人もいます。人のせいにする背景には、さまざまな心理的要因があります。

まず、自己評価を守ろうとする心理です。人間には誰でも自分の評価を高く保っていたいという欲求があります。ですから**自分の責任を認めることにはストレスがかかります。**そこで無意識に失敗の責任を他のメンバーに負わせることで、自己防衛しようとする心理がはたらくのでしょう。これが責任回避の心理です。

自分に自信がない人、つまり自己評価が低い人も、人のせいにしやすいかもしれません。自分のミスを認めてしまうとさらに自尊心が傷つくので、他者に責任を転嫁することで自分を守ろうとするのです。

失敗は人のせい、成功は自分の手柄にするような人は論外として、失敗したときには自分で責任をとるという腹の据え方が必要だと思います。

自分の態度が行き詰まりの原因かも

2章で「縁」についてお話ししたように仏教には「**縁起**」という考え方があります。縁起とは「縁《よ》りて起こる」、すなわち、この世で起こるすべてのものごとは相互に関わり合って存在しているという教えです。

ですから、ものごとは環境だけでうまくいったり失敗したりするのではなく、そこにはかならず自分も関わっているのです。**失敗したときに他者を一方的に責めるのは、相互のつながりや自分との関わりを無視すること**です。

チームで進めている仕事が滞ってしまったら、それを人のせいにするのではなく、自分の発言や行動がどう影響したかを振り返ってみるといいでしょう。もしかすると、

自分の準備不足や態度が行き詰まりの原因になっているかもしれません。

何でも人のせいにする態度は、もちろん仏教でも戒めています。

また仏教では、慈悲（他者に対する思いやりや慈しみの心）を大切にします。**他者を責めることは、慈悲の心に反する行い**です。

もし、同僚や部下がミスをしたとしても、その過ちを責めるのではなく、なぜミスが起きたのか一緒に考え、助ける心を持つようにしたいものです。**相手を責めて傷つけるだけでは、自分自身の心も荒んでしまいます。**

「なぜ、こんなミスをしたんだ！」ではなく、「次はどうすればうまくいくだろうか」と建設的な言葉を相手にかけることで、お互いに前向きになれます。

「情けは人の為ならず」ということわざがあります。

「親切にするのはその人のためにならない」という意味に誤用されがちですが、本来は「相手に親切にすれば、相手のためになるだけでなく、やがては良い報いとなって自分に戻ってくる」という意味です。これも慈悲の心に基づいた言葉です。

慈悲とは、他者と調和する心です。その心さえあれば、簡単に人のせいにすることはなくなるでしょう。

3-3

感情を言葉にしない

—— 一度口に出したら撤回できない

感情のコントロールはなかなか難しいもので、なかでも怒りの感情のコントロールに苦労している方は多いようです。

怒りを上手にコントロールするための心理トレーニングを「アンガー・マネジメント」といい、10年ほど前に関連書籍が多数出て話題になりました。

たしかに「ムカッ!」ときて黙って放っておくことなどできそうにないときもあるでしょう。しかし、そこで感情をそのまま言葉にして相手にぶつけてしまったら、元も子もありません。

相手も応酬してくれれば、売り言葉に買い言葉の論争になります。相手が何も言い返せなくても、お互いに苦い思いが残ります。

「綸言汗《りんげんあせ》の如《ごと》し」という中国の格言があります。「天子の言葉というものは、出た汗が体内に戻らないように一度口から出れば訂正することも、取り消すこともできない」という意味で、リーダーの発言の重さを戒めています。

しかしこの言葉は、一般の人たちにも通じる教えを含んでいます。**たとえ一時的な感情で発した言葉であっても、それは撤回できません。**自分の言葉には責任を持たなければならないのです。

私自身、若い頃には相手の言葉についカッとなってしまい、怒りにまかせて相手の土俵にのぼってしまったこともありました。

怒りの感情を鎮める呪文

怒りの感情がこみ上げることを「頭にきた」「頭に血がのぼった」といいますが、それは生理学的な事実です。

怒りを感じると、自律神経系の交感神経が優位にはたらき、戦うか・逃げるかするために準備をします。こうして血液が脳や筋肉といった重要な部分に送られ、血圧や心拍数が上昇します。頭が熱く感じたり、顔が赤くなるのはそのためです。

禅では「**怒りは頭まで上げるな、怒りの感情は腹におさめておけ**」と教えます。

カチンときても、怒りの感情を腹におさめておけば、前述したように自然に消えてなくなります。

私が尊敬する曹洞宗大本山總持寺の貫首でもあった板橋興宗禅師は、腹におさめておく方法として、このようにご教示してくださりました。

「すぐに反応してはいけないよ。カチンときたら、ひと呼吸置く。そして呪文をとなえる。私の場合は、〃ありがとさん、ありがとさん、ありがとさん〃と3回、心のなかでとなえる」

ひと呼吸とは、もちろん丹田呼吸です。


呪文は何でもかまいません。「待てよ、待てよ、待てよ」「怒らない、怒らない、怒らない」「穏やかに、穏やかに、穏やかに」「愛語、愛語、愛語」——。あなたのお気に入りを見つけてください。

丹田呼吸で気持ちをスーッと落ち着かせ、自分なりの呪文をとなえれば、怒りの感情は吹き飛んでしまいます。

誰もがストレスをため、怒りのタネもそこらじゅうに落ちている時代です。**怒りっぽい人でなくても、怒りの感情を鎮める呪文を持つことをおすすめします。**

3-4

あなたのプライドは高いか、低いか

――優越感も劣等感も必要ない

「○○さんはプライドが高いよね」「僕のプライドが傷ついたよ」「プライド」は、けっこう頻繁に使う言葉ですが、あなたはどのようなイメージをお持ちでしょうか。

プライドと聞いて、良いイメージか、悪いイメージか――。プライドは、高ければいいのか、低ければどうなのか――。

プライドとは、辞書によれば、誇り、自尊心、自負心、矜持のことです。つまり、自己に対する尊厳や誇り、自分の価値感を大切に思う感情を指します。

プライドが高いことのメリットはまず、**自己肯定感が強い**ことが挙げられるでしょう。自分の価値感や能力に自信を持ちやすく、堂々とした態度で人と接することができます。また、品位や自尊心があるので、他者からの悪影響を受けにくく、自分の価値観や基準をしっかり守ることができます。

向上心を持ちやすいのも利点です。もっと良くなりたいという思いが強く、努力を重ねることができます。目標達成へ向けての行動力も生まれるでしょう。

それでは、プライドが高いことのデメリットを考えてみましょう。

まず、**他者との衝突が増える**ことが挙げられます。自分の意見や価値観を強く主張することで、他者と意見が対立しやすくなります。

他者の助言や批判を素直に受け入れられず、孤立することもあるでしょう。

失敗を受け入れにくいのもマイナスです。自分の失敗や欠点を認めることが苦手で、反省や改善が遅れてしまいます。失敗を恐れるあまり、新しい挑戦を避けるかもしれません。また、自分を高く評価しつづけようとすることで、失敗や批判に敏感になり、ストレスを抱えやすくなるでしょう。

プライドが高いことは自身を向上させるためにとても大切なことですが、プライドが高過ぎると融通が利かなくなり、**過剰に自分を守ろうとするあまり孤立してしまう**という危険も生じます。

真のプライドは他者を尊重すること

良いプライドと悪いプライドの分岐点は「他者との比較」にあると私は思います。

そもそもプライドとは、自己に対する尊厳や誇りであり、自分の価値観を大切に思う感情ですから、他者とくらべるものではありません。

比較とは、単に他者との違いを確認するだけのことで、プライドとは無関係です。**プライドは「自己基準」、比較は「他者基準」**と心に留めてください。

昨日の自分より今日の自分が少しでも向上した、昨日できなかったことが今日はできるようになっていたと一歩前進したことが自分に対する誇りであり、それがプライドです。

「私はあの人より上じゃなきゃいけない」「あの人よりいっぱい持っていなきゃいけない」と、他者と比較することは、プライドをねじ曲げて考えることになります。

他者とくらべれば、**相手より半歩でも一歩でも前に出ていれば優越感となり、半歩でも後れを取れば劣等感になります。**

他者とは、あくまでも尊重し、信頼関係を築く存在でなければなりません。

他者を、自分を成長させてくれるライバルとしてとらえれば、ライバル関係も建設的でポジティブなものになります。お互いに相手の優れている部分を見つけ、自分もそこを磨き合うという切磋琢磨する関係になれるでしょう。いいライバルがいると自分も大いに成長できます。

プライドと七慢のただならぬ関係

仏教には「七慢《しちまん》」という大切な教えがあります。人間に潜む驕《おご》り高ぶる心を「慢心」といいますが、これを7種類に分けたものです。

【慢《まん》】自分より劣った者に対して、自分のほうが優れていると思うこと。相手を見下すこと。

【過慢《かまん》】自分と同等の者に対して、自分のほうが優れていると威張ること。また、自分より優れた者に対して、大したことがないと思うこと。

【慢過慢《まんかまん》】自分より優れた者に対して、自分のほうが優れているとうぬぼれること。自分より優れている者の欠点を探してまで自分が上だと思うこと。

【我慢《がまん》】自分を過大評価し、自分のほうが優れていると思い上がること。自分は特別だと思い込むこと。

【増上慢《ぞうじょうまん》】自分がわかっていないことを、わかっているかのようにふるまうこと。悟っていないのに、悟ったと思う驕りの心。

【卑慢《ひまん》】相手のほうがはるかに優れているのに、自分はそれに劣っていないと思うこと。自分を低く見せながら、実際には他者を軽んじる心。

【邪慢《じゃまん》】正しい行いをしていないにもかかわらず、自分の行動や価値観を正しいと言い張ること。自分に徳がないのに、徳があると思い込むこと。

自分のプライドがちょっと違う方向に向かっていると思ったならば、この七慢を読み返し、自らの行いを振り返ってみてください。

3-5

意地を張り過ぎない

——間違いだと気づいたときに、どうするか

自分の主張を意地でも変えない人がいます。あるいは意地でも謝らない人もいます。意地を張ること自体は一概に悪いわけではありません。ただ、それが極端になると人間関係にも悪影響を及ぼす場合があります。

それでは、「いい意地」と「悪い意地」を比較してみましょう。

いい意地の代表は、**信念を貫く意地**です。自分がこれをやり通せば良い方向に行くという確信があれば、それは貫くべきです。

そこで周囲の理解が得にくい場合には、意地を張るばかりでなく、理解してもらうように工夫して説明するなどして、理解や協力を得て推進させるべきです。

また、約束を絶対に守るという意地であれば、自分を犠牲にすることなく自分の価値観を守りながら約束を守ることで、相手と信頼関係を築くことができるでしょう。

成功するまで絶対に諦めないと挑戦をつづける意地も、成功をつかむ可能性が高まり、周囲から尊敬を得ることができます。

いっぽうで悪い意地は、**明らかな間違いを認めなかったり、意固地になって考えを**

曲げないことです。

自分のミスを認めずに反論したり、言い訳をつづけると、周囲との信頼関係が崩れ、孤立してしまいます。

「自分がいちばん正しい」と意地を張り、他者の意見を聞かないのもいただけません。こちらも対立が生まれます。また、「絶対にあの人には負けたくない」という意地も、無理をすることで心身が疲弊してしまいます。

悪い意地であっても、当初は信念を持ったものであったかもしれません。問題は、**それが間違いだったと気づいたときにどういう対応をするか**です。その対応に、人間性が問われます。

組織のなかで立場が上になるほどに、自分の間違いを認められない傾向が強まるようです。

自分のためではなく、社会のためを考える

じつは、立場が上の人が自分の間違いを素直に認め、「間違ってしまった。ごめん

ね」とパッと言って行動を改めると、部下もついてくるものです。

そのような切り替えの早いリーダーがいると、周りの人間もああいうふうにやっていけばいいのかと学習できるので柔軟な組織になります。

間違いを認め、すぐに切り替えられる人は、自分のためよりも、どのようにしたら人のため、社会のためになるか、頭の中で常に考えている人です。

意地を張る人は、自分の立場を守ろうとする意識が強いから変えられないのです。

「みんなが良くなるためにはどうしたらいいか」という視点を常に持ち、そのなかで自分がどういう役割を果たしていったらいいのかを考えるのです。

禅では、**人間を宇宙全体とつながる深い意味を持つ存在**と考えます。一人ひとりは「点」として存在し、みんなが結びついて一つの円になっており、自分が抜けたらその円は崩れてしまう、つまり、社会が成り立たなくなるわけです。

誰もが社会の構成員であり、宇宙を担っているのですから、「みんなが良くなるためにはどうしたらいいか」という視点が大切になるのです。

3-6

怒りっぽくならないお酒の飲み方

——感情が高ぶったら、一度席を外すといい

「花は半開を看《み》、酒は微酔《びすい》に飲む」

中国の古典『菜根譚《さいこんたん》』にある有名な一節です。

「花は五分咲きのころがいちばん良い見所であり、お酒はほろ酔い気分で度を超さない程度で留めておくのがいい」という意味で、ほどほどのところで満足して楽しみなさいと教えてくれます。

たしかに、**開ききった花をながめても風情はありませんし、深酒で泥酔してしまっては満ち足りた気分も通り越してしまいます。**

私もおつき合いの席やパーティなどでお酒をいただくことはありますが、少しだけ口をつける程度にしています。

お酒の席でワイワイ楽しくお話しするのはとてもいいことですね。ふだんは無口で静かな人が、お酒が入ってとても明るく話してくれると、こちらまで楽しくなります。

いっぽうで、お酒を飲んで怒りっぽくなる人もいます。議論が旺盛になるのはいいのですが、度を超えてしまうと周りに迷惑をかけるだけでなく、後味が悪くなるものです。

お酒を飲み過ぎると怒りっぽくなる人は、アルコールが脳や体に与える影響に起因しているのだそうです。アルコールは脳の理性や判断をつかさどる前頭前野という部分のはたらきを弱めるため、通常なら抑えられる感情が表面化しやすくなります。

また、アルコールは感情を増幅させる性質があり、**怒りやストレスを抱えていると、飲酒によっていっそう強まる**そうです。たしかに、怒りっぽくなる人だけでなく、笑い上戸や泣き上戸という人もいます。

羽目を外すことが目的ではないはず

お酒を飲むときに最も大切なのは、お酒に向き合う心がまえです。

禅では、何ごとにおいても**目的を見失わないことを重要としています。**それを飲酒に当てはめれば、お酒は楽しむための手段であり、羽目を外すことが目的ではないと明確な意識を持つことです。

怒りっぽい人なら、飲む前から「楽しむぞ！」「リラックスするぞ！」と何度も心に言い聞かせてください。

そして禅では、**自分を客観的に見ること**もすすめています。酒席の最中も、「今の自分はどう見えるか」と、天井からときどき俯瞰してみることで冷静さを取り戻すことができます。

もし、怒りの感情が込み上げてきても、冷静に観察して、抑えつけるのではなく、手放すのです。そして前述したように丹田呼吸で気持ちを落ち着かせ、怒りの感情を鎮める呪文をとなえましょう。

感情が高ぶってしまったときは、一度席を外して、トイレに行ったり、外の空気を吸うなどして冷静になるのもいいでしょう。そして席に戻ったら、ポジティブな話題に切り替えて、楽しい場づくりを心がけてはいかがでしょうか。

そもそも仏教には「**中道**《ちゅうどう》」という考え方があります。極端な行き過ぎを避け、調和のとれた生き方をいいます。これは「お酒はほどほどに」という適度な飲酒の姿勢にも通じます。

お酒を健康的に楽しみつつ、飲むたびに「中道」の精神を意識すれば、飲酒を通じて豊かな交流や自己成長を実現できるでしょう。

3-7

注意し過ぎない

――「短く」「少なく」が注意のコツ

部下や子どもに対して、注意し過ぎてしまうことはありませんか。

もちろん、相手のためによかれと思ってのことでしょう。注意は相手の成長をサポートする重要な手段です。

注意するのは相手に見込みがあるからで、どうでもいい人には注意すらしないということもあるでしょうが、**注意し過ぎて逆効果になってしまう**こともあります。

注意し過ぎにはいくつかの問題点があります。

頻繁に注意していると、注意されたほうは「**いつも監視されている**」という感覚になります。また、「どうせ注意される」「自分はダメだ」と思い込み、自分を卑下するようになります。

注意されることを恐れるあまり、自分で考えるのをやめて想像力がなくなり、挑戦することを避けるようになるかもしれません。

さらに、失敗しないためだけに行動するようになって**依存体質になる**ことも考えられます。そこで手取り足取り教えると、相手のほうが嫌気がさして聞く耳を持たなくなる場合もあるでしょう。

いっぽうで、注意をする側にも問題が生じます。相手のミスばかりに目がいき、**相手の良い部分や成長に気づけなくなります。**また、何度注意しても直らなければ、自分の注意の仕方が悪いのではないかと自信をなくしてしまうかもしれません。

注意とは、相手を導くこと

相手に注意をするとき、**注意すること自体が目的になっていませんか。**注意する目的は、相手に何かを変えてもらうことです。ですから、注意することで相手が変わってくれなければ、まったく意味がありません。ましてや、注意によって相手の気分を害したり、ガッカリさせてしまうばかりで、やる気をそいでしまったら元も子もありません。

注意するときのポイントは「遠回し」です。

デール・カーネギーの自己啓発書『人を動かす』では、相手を変えるためには遠回しに注意を与えることが大切だと説いています。その一つの方法として、まずほめて、それから「しかし」ではなく「そして」でつなぎながら、注意点を遠回しに言うことをすすめています。

「この書類よくまとまっているね。しかし、誤字が多いから注意したほうがいいね」
「この書類よくまとまっているね。そして、今の要領でつづけていれば、きっと誤字も減っていくよ」

誤字を注意されるのは同じでも、ほめ言葉のあとに批判がつづかないので、相手は素直に耳を傾けてくれるでしょう。

しかし、注意する側に遠慮があると、つい余計な言葉を交えながら長くなってしまいます。必要最低限のポイントに絞り、シンプルかつ明確に伝えることが大切です。そして**注意の頻度を減らし、本当に必要な場面だけにすることを心がけてください。**

また、**注意を「提案」に切り替えてみる**のもポイントのひとつです。
「これは間違っている」と言うのではなく、「こうしたらもっと良くなる」と前向きな提案をします。そうすると相手の成長をうながすことができるでしょう。

相手の成長は、注意によってうながされるわけではありません。相手が自主的に失敗から学べる環境や雰囲気をつくることもリーダーや親の役目です。**相手が自ら考え、行動し、失敗から学ぶ時間を与えましょう。**また、必要なときだけ適切に助言することで、相手の自立心を育てることができます。

自分の価値観を押しつけない

仏教では、注意することを、**相手を導くための善意の行為**として考えます。相手の成長や幸福を願う慈悲の行いですから、自己中心的な感情や慢心から発するものであってはなりません。ですから、その方法や姿勢には慎重さが求められます。

「**四無量心**《しむりょうしん》」という仏教語があります。人々に対して楽を与え、苦を除く、次の四つの心のことです。

【慈】相手の幸福を願うこと。

【悲】相手の苦しみを取り除こうとすること。
【喜】相手の喜びを自分の喜びとすること。
【捨】執着を捨て平等な心で接すること。

注意するときにも「相手を導きたい」という純粋な気持ちが必要です。

そして仏教では、相手の状況や心の状態に応じて、わかりやすく説明する「**方便**《ほうべん》」という知恵があります。

「嘘も方便」という言葉があります。もちろん「方便＝嘘」ではありません。方便とは、相手を正しく導くために最も効果的な方法や手段であり、場合によっては、つまり大きな善行のためには〝手立て〟として認められるということです。自分の価値観を押しつけるようなことがあってはなりません。

人に注意するときにいちばん大切なことは、「**自分を整えること**」だと私は思います。注意する前には、自分自身の言動や態度を見直してみることが大切です。**自分が整っていない状態で相手を注意すると、逆効果になる可能性があります。**

お釈迦さまは、「他者の過失を見るなかれ。他者のしたこととしなかったことを見るな。ただ、自分のしたこととしなかったことだけを見よ」（『ダンマパダ』五〇）とおっしゃっています。**相手の欠点を指摘する前に、自分の欠点をかえりみる**必要があります。

「し過ぎない」練習

第4章

気をつかい過ぎない

——もっとラクに構えれば、うまくいく——

4-1

気をつかわせる上司への対応

──離れ過ぎず、近づき過ぎず、対応する

気をつかうことは、他者への配慮や思いやりですから、すばらしい行為です。しかし、それが行き過ぎると、自分のエネルギーを消耗し、ストレスや疲労を引き起こすことがあります。気をつかわれた相手も、それを負担に感じたり、鬱陶しく思うこともあるでしょう。

気をつかうことには塩梅《あんばい》が大切ですが、相手によってその塩梅は変わるのでなかなか難しいものです。

同じ状況で困っている人がいても、ひと声元気づけられることで気持ちが落ち着く人もいれば、黙って見守っていてもらいたい人もいます。かける言葉にしても、相手が10人いれば10通りの言葉があるでしょう。

気づかいのポイントは、**相手の気持ちを察する**ことに尽きます。「察する」とは、相手の立場や状況を考え、**言葉にされない感情や考えを理解しようとすること**です。

具体的には、相手の表情や声のトーン、体の動きなどが、ふだんと変化がないか注意を向けることです。相手が「大丈夫だよ」と笑顔で言っても、その言葉の選び方や間《ま》の取り方などで本音をさぐることができます。

また、相手が今置かれている状況や背景を理解すれば、気持ちを推測しやすくなります。**相手のスケジュールや仕事量を知ることも大切**です。そして相手の立場に立って、自分が同じ状況なら……と想像することで、より深く相手の感情を理解することができます。

察することに頑張り過ぎるあまり、相手の感情を決めつけることは避けるように注意してください。誤解を生む可能性があります。

そして、気をつかうときに忘れてはいけないのは、**自分のできる範囲で行うこと**です。相手の気持ちを優先し過ぎて、自分が無理をしてしまっては元も子もありません。適度な距離感も大切です。無理をすれば、それがすべて自分の負担になってきます。

イエスマンはむしろ嫌われる

気づかいで最も難しいのは、目上の人、なかでも上司への対応でしょう。

日本の縦社会の文化や組織の力関係のなかでは、いまだに「俺に気をつかわないのか」というオーラを出している上司もいるようです。このようなタイプの上司は、自分の存在感や権威をアピールしたい心理が背景にあると思います。そのため、適切な気づかいと自分のバランスを保つことが大切です。

気づかいを求めるタイプの上司には、形式的な礼儀と敬意を欠かさないのは当然のことでしょう。挨拶、報告、感謝の言葉など、基本的な礼儀をきちんと守るだけでも信頼を得やすくなります。過剰にへりくだったり、媚を売ったりする必要はありませんが、**上司の期待を適度に満たす気づかいは必要**でしょう。

「この前の会議での発言、とても参考になりました」

具体的な点を指摘してタイミングを見て、このように言うと気づかいが自然に伝わります。

「○○さんのご意見をうかがってもよろしいですか?」

このように尋ねるのも、自尊心の強い上司には効果的です。

気づかいを求める上司は、意外にイエスマンや受け身の態度をとる部下を嫌うようです。自分から意見を言わなければ、「積極性がない」「やる気がない」と受け取られます。ですから、「私の考えではこうですが、○○さんのご意見もぜひお聞かせください」「こう進めるべきだと思いますが、ほかにご指示があればご教示ください」というように、自分の意見を持ちながら、上司の意図を尊重する態度を見せると好印象を与えられます。

上司が困っているときは、ちょっと苦手な上司であっても、相手の気持ちを察してさりげない気づかいをしましょう。たとえば顧客からのクレーム対応で長電話になっていたら、「大変ですねぇ」と労《ねぎら》いの言葉をかけてお茶を差し入れたりすれば、上司は苦労を共有できた思いがして、少し気がまぎれるでしょう。

ただし、上司に必要以上に近づき過ぎて、すべてを合わせ過ぎると、精神的に疲れてしまいます。あくまでも**「仕事の範囲内」での気づかいを意識し、必要以上に自分を犠牲にしない**ことです。

ムダな心の努力をしない

禅では、ありのままに自然体で生きることを重んじます。ですから、気をつかうことも、自然な心の働きと考えます。**無理に気をつかうのではなく、自分の心が静まり、自然なかたちで他者への配慮の気持ちが生まれるのが理想**です。

無理をして気をつかうと、自我への執着やストレスの原因になります。自然に湧き出る気づかいこそが、自己負担を伴わない健全な行為です。

それは「**無心**」という教えにも通じます。無心とは、何も考えないことではなく、ものごとのすべてを偏見を持たずに、客観的に見ることができる境地のことです。**気づかいが「相手にどう思われるか」という自己中心的な執着心から生まれるのでは、無心とはいえません。**無心の状態になれば、自然に相手の気持ちや状況が見えてきて適切な配慮ができるのです。

気づかいは、他者との調和を保つために必要なものですが、「ムダな心の労力」や「自己中心的な配慮」にはならないように注意が求められます。

また、必要以上に気づかいすると、相手の成長や自立の機会を奪うことにもなりかねません。過干渉や過剰な気づかいに注意しながら、相手と接するべきでしょう。

4-2

周りを優先し過ぎない

——謙虚も過ぎると、うまくいかない

「どうぞ、先に選んでください」「私は大丈夫ですから、あなたがやってください」「みんながよければ、私もそれでいいです」——。

周りを優先し過ぎて、自分をあまり出さない人がいます。よく言えば「謙虚」ですが、**過度に自分を抑制してしまうと、自分自身の存在感がなくなり、大切な意見が埋もれてしまう**こともあります。

周りを優先するときに、自分もできるけれど相手にどうぞお先にやってくださいという場合と、自分はできないから、あるいは自分がやる自信がないから、どうぞお願いしますという場合では、まったく意味が違います。

ここでは前者について言及してみましょう。

「周りを優先する人＝謙虚な人」は、**他者との関係性を深めることができる人**です。周りの感情に配慮する姿勢は信頼を築く基本ですから、「この人は頼れる」「一緒にいて安心できる」と感じられ、良好な人間関係を形成できます。他者を優先することで、グループ全体の調和が取れ、対立や不和を防ぐこともできるでしょう。

自分自身にもメリットがあります。他者の立場や気持ちを考えることで、共感力やコミュニケーション能力が高まります。また、他者を優先することで、いざ自分が困ったときに周囲から助けてもらいやすくなります。

いっぽうで、**周りを優先し過ぎた場合のデメリット**を考えてみましょう。

自分の感情を抑えてしまうことで心身ともにストレスが溜まり、疲れやすくなります。すると、イライラや不満がつのります。「自分の気持ちは重要ではない」と感じるようになり、**自己肯定感が下がる**ことも考えられます。そして周りからは、「**この人なら遠慮してくれるはず」とおろそかに扱われるようになる**かもしれません。

自分より他者を優先すべきときとは？

仏教の中心的な教えに「**自利利他**《じりりた》」の精神があります。

「他者の幸福や利益を優先して行動すること（利他）で、自分自身も安らぎを得られる（自利）」ということです。この二つは対立するものではなく、お互いに補完し合いながら調和を目指すものです。

ですから仏教においても、周りを優先し過ぎて自分を消耗させることは良しとされません。**自分のケアを怠ると、他者を助けるどころか、自分自身も周りも不幸にしてしまう**からです。

そこで、お釈迦さまは、「自らを灯火とし、自らを拠り所にしなさい」と「自灯明《じとうみょう》」の教えを説きました。**自分の心の平安がなければ、他者を助けることはできない**という戒めです。

お釈迦さまの教えに準じて、自分より周りを優先するべきときを考えてみましょう。

第一に、**他者が明らかに困っているとき**です。誰かが切迫した問題に直面しているときには、自分のことを一時的に脇に置いて手を差し伸べます。

次に、**人間関係を良好に保ちたいとき**も、もちろん当てはまります。グループ全体にとって必要なときも周りを優先するべきでしょう。

そして、**他者を優先することが自分の成功につながるとき**も当てはまります。

今、本当に他者を優先するべきときか、「自利利他」を通して考えてみれば、自ずと答えが出るのではないかと思います。

4-3

自分を見限らない

——禅的・自信のつけ方

「坐禅をすれば、自分に自信を持つことができるようになるでしょうか?」

「自信を持って行動できるようになる禅の教えはありませんか?」

そんな相談を受けることがあります。

子どもの頃から親や先生に「自分に自信を持ちなさい」と言われていた方は少なくないと思います。そうは言われても簡単ではありません。前項の「周りを優先し過ぎる」というのも、自信のなさのあらわれです。

そもそも「自信」とは、「自分の価値や能力を信じること」「自己を信頼する心」という意味です。形として目に見えるものではないのでやっかいです。

禅における自信とは、一般的な「自信=自己を信頼する心」とは少し異なり、**自分の心のなかに仏さまを見つけること**ととらえます。

禅の教えでは、すべての命は生まれながらにして「仏性」を持っているとされています。2章でも述べましたが、仏性とは、本来の素直で豊かな心であり、誰もが仏になれる可能性のことです。

つまり、自信を持つとは、特別な才能や結果を求めることではなく、**自分のなかに**

ある「**仏性＝可能性・強さ・優しさ**」**を信じて、それを少しずつ育てていく**ことです。

精進が自信を呼び込む

「自信を持つために仏性を育てる」と言われてもピンとこないかもしれません。

自信を持つとは、もう少し具体的に言えば、行動の積み重ねによる安定感から生まれるものだと思います。

努力を重ねることを「精進」といい、もとは仏教語です。「仏道修行に専心すること」「一定の期間、行いをつつしみ、身を清めること」「肉食を断って菜食をすること」「一つのことに精神を集中して励むこと」などという意味です。

私は「**精進＝準備**」ととらえています。

たとえば、誰も経験したことのない新プロジェクトの話が来たとしましょう。ふつうならば、失敗したらどうしようという気持ちが先に立って誰もやりたがらないでしょう。

しかし、「こんな仕事が来たらこうやって対処すればいいだろう」「あのアイデアを使えばうまくいくかもしれない」などと日頃からシミュレーションして下準備ができていれば、経験はしていなくても、ある程度はやれるぞという自信が持てます。そして「やらせてください」と手を挙げることができるでしょう。

それが、精進です。

仏教では、すべてのものは「縁起《えんぎ》」によって存在すると考え、すべてのめぐり逢いを「因縁《いんねん》」と呼んでいます。 簡単にいえば、「ものごとの成立は原因と結果によるものであり、直接的な原因（因）と間接的な原因（縁）がある」ということです。

新プロジェクトの例でいえば、日頃からシミュレーションして下準備しておくことが「因」であり、たまたま新プロジェクトの話が来たのが「縁」です。

縁とはチャンスです。縁が来たときに、**それに取り組めるだけの準備、因をつくっておいたからこそ、因縁が結ばれた**のです。

縁は、万人に平等にやってきます。しかし、いつどんなかたちでやってくるか、わかりません。そして縁は待ってくれません。縁をつかむことができるのは、精進し、しっかり準備して因を育てている人だけなのです。

精進は「因」を育て、良い「縁」と結びつくことで、結果として自信や成功をもたらします。

得意なことに磨きをかける

将来の仕事、趣味、人生などに対して、「さぁ、準備をして自信をつけよう」となったときに、いったい何を準備すればいいのか——。

自分に向いていると思うこと、自分の興味の大きなものから取り組んでいくのがいいと思います。

自分の苦手な部分を克服して人並みにしたいと考える方も多いと思いますが、得意なことや、やっていて楽しいと思うことを磨くほうがどんどん伸びるものです。

苦手なことに10のエネルギーを使っても6〜7程度しか習得できませんが、得意な

ことなら5のエネルギーを使うだけで10を習得できるはずです。もし、得意なことを10のエネルギーでやったら15も習得できることになり、他の追随を許さないスペシャリストになれるでしょう。

もちろん、**苦手を克服してオールラウンダーを目指すことも大切ですが、苦しい道です。**苦手な部分はそれを得意とする人にお願いし、自分が得意な道に進むほうが、たいていの場合は円滑に進むものです。

たとえば英語が得意だったり、興味があるなら、もっともっと英語を磨くのです。ビジネス英語、さらには法務や税務などの専門英語まで習得すれば、海外からもオファーが来るかもしれません。

精進し、準備を重ねれば、それが自信につながります。そして**自信とは、結果に固執することではなく、過程に価値を見いだすこと**であると胆に銘じてください。

4-4

「正直」も時と場合による

——正直も過ぎると相手に利用されてしまう

「嘘をつくな」「正直であれ」——私たちが社会生活をするうえで守らなければならない常識です。

嘘のことを、仏教語では**「妄語《もうご》」**といいます。お釈迦さまが定めた、仏教徒が守るべき基本的な五つの戒め（五戒）の一つに「不妄語戒《ふもうごかい》＝嘘をついてはならない」があります。これを破ると、八大地獄の一つである大叫喚地獄《だいきょうかんじごく》という恐ろしい地獄に落ちるとされます。**嘘はそれほど罪深いもの**なのです。

「正直」は仏教語の**「方正質直《ほうしょうしつじき》」**に由来しています。「方正＝正しくしっかりした心」「質直＝素直な心」という意味で、良い考えやものごとに対して素直で揺るがないことです。

お釈迦さまは、正直な心、すなわち正しい素直な心で生きていれば、その人の周りには同様に正直な心の人が集まるので、**人を騙す必要もなくなり、良い社会ができていく**と説きました。

それが理想であることは言うまでもありません。俗世間は「方正質直」で生きていくことはなかなか難しいのも事実です。

自由経済社会に身を置いている以上は競争に勝ち抜くことが大原則であり、そのためにはお互いに足を引っ張り合ったり、嘘をついたり、騙し合うこともあるでしょう。きれいごとばかりでは生きていけません。

いっぽうで、「**正直者がバカをみる**」という言葉もあります。嘘をついたり騙したり、ずる賢く世の中を渡っている人のほうが多くの利益を得て、嘘をつけず真正直に生きている人が損をしていることも少なくありません。

また、正直過ぎると相手を傷つけたり、周囲の雰囲気を悪くするリスクもあります。

TPOに合わせた言動をする

正直であることは信頼関係を築くために大切ですが、TPO（時間・場所・場面）に合わせて、その場面にふさわしい対応をすることで、よりよいコミュニケーションがとれるようになります。

正直であるべきときは、誠実さが求められる場面です。たとえば、借りたものをなくしてしまった場合には、正直に謝罪し、解決策を述べることで、相手に信頼感を持ってもらうことができるでしょう。
あるいは、**新しいプロジェクトを始めるときなど建設的な場面**です。自分の得意分野や不安な点を正直に伝えることで、みんなで協力して進めていくことができます。

いっぽう、**正直さを控えるべきときとは、相手を傷つける可能性が高い場面**です。相手の意見が正しくないと感じても「全然よくないよ」と正直に言ってしまっては、相手を落ち込ませ、モチベーションを下げてしまうでしょう。
また、**自分が不利になる場面で正直過ぎると、相手に利用される**こともあります。交渉の場で「私は交渉ごとが苦手なんです」と伝えると、相手に足元を見られかねません。

正直さをバランスよく使うコツは、「事実と感情を分けて伝える」「相手の立場や状況を考慮する」「ユーモアややわらかい表現を活用する」「相手の意見を尊重して必要以上に話さない」などが挙げられます。こんなことを頭の片隅に入れておくだけで、正直さを適切に活用できると思います。

4-5

相手の意見を聞き過ぎない

――自分が納得しない方向に進んでしまいます

相手の意見をよく聞いて尊重することは、コミュニケーションや人間関係を円滑にするためにとても大切です。それが上司や先輩の貴重な意見であれば、自分の成長にとっても大きなメリットがあります。また、相手に対する敬意や関心を示すことにもなります。

いっぽうで相手の意見を尊重し過ぎると、自分の意見を見失って優柔不断になったり、相手に都合よく使われてしまったりするリスクがあります。さらに、自分の意見や感情を押し殺してしまうことでストレスがたまるかもしれません。

あるいは、間違った意見を鵜呑みにして、その結果、失敗してしまうという可能性もあるでしょう。

相手の意見を受け止めつつ、自分の意見や価値観とのバランスをいかにとっていくかについて考えてみましょう。

相手の意見を聞き過ぎる背景には、**相手の権威への萎縮**があります。前提として、上司や専門家、有識者の意見は正しいと思い込んでいることが多いでしょう。

たとえば、上司が「このように進めなさい」と方法を示したら、自分の判断は横に置いて、上司の言葉にそのまま従ってしまうということです。

自分の判断に自信がないので、他人の意見に依存しやすくなるということもあります。また、自分は違う意見を持っていたとしても、**波風を立てるのはよくないと考えて相手の意見に同調してしまう**場合もあります。

いちばん大切なことは、相手の意見を聞き入れる前に、自分はどう考えているかを明確にしておくことです。そして自分にとって納得できない部分があったなら、なぜ相手の意見が正しいといえるのかを確認する習慣をつけるとよいでしょう。

意見の違いをそのままにしておくと、自分が納得しない方向に進んでしまいます。他人の意見も尊重しつつお互いに納得できる妥協点を見つけて合意形成して進めることが大切です。

自分も相手もしっかり疑う

禅修行では「大疑団《だいぎだん》」「大信根《だいしんこん》」「大憤志《だいふんし》」の3要素が大事だと説かれています。

【大疑団】疑問や問いを持ち、それを徹底的に追求する姿勢。
【大信根】自分自身や道（真理）への深い信頼。
【大憤志】どんな困難や迷いがあっても、それを乗り越える強い意志。

この教えは、**「自分を徹底的に疑いなさい」「自分を徹底的に信じなさい」「自分の強い意志で取り組みなさい」という、悟りを得るための自身への戒め**です。

この言葉は、相手の意見を聞き過ぎる人への教訓にもなると思います。

他人の意見を聞くときは、それが本当に正しいのか、自分にとって適切なのかを深く考える。何でも鵜呑みにするのではなく、質問し、考える姿勢を持つことで、自分の軸が見えてきます。（大疑団）

他人の意見を参考にしつつも、自分の内なる信念や価値観を大切にする。自分が信じる道を歩むことが、最も納得のいく結果をもたらします。（大信根）

他人の意見に影響されても、自分が目指すべき道に戻る意志の力を養う。迷いがあっても、「自分はこれをするべきだ」と決めて進む勇気が大事です。（大憤志）

上司に言われたとおり進めつつ、常にもっと改善の余地はないかを考えながらやっていれば、少しずつ効率的になっていき、仕上がりがよくなるものです。

それが、**仕事を自分色に染めていく**ということです。それをつづけていれば、仕事も人生も心地よくなります。

第5章

期待し過ぎない

——あるがままに受け止めるコツ——

5-1

人に頼り過ぎない

——人生の主人公は自分自身

人に頼ることは決して弱さではありません。それは人間関係のなかで自然なことであり、悪いことではありません。お互いを支え合う重要な要素です。

しかし、頼ることと頼り過ぎることは大きく異なります。**頼り過ぎてしまうと自分の成長を妨げ、最終的には自分を弱くしてしまう**からです。

また、相手との関係がギクシャクする場合もあります。頼り過ぎは「依存」であり、相手に大きな負担をかけてしまうと心得てください。

人に頼る場合は、しっかりとした心がまえが必要です。

まず、自分自身の力を信じることです。頼ることは、甘えることではなく、協力を求めることなのですから、自分でできる範囲の努力をし、それでも難しいと感じたときに助けを求めるようにします。

そして、依存になっていないか確認します。**頼ることは、自分に足りない部分を補ってもらうこと**です。相手にすべてを任せるのではなく、自分もできるだけの努力をする姿勢が大切です。

頼るときは、できるだけ相手の負担にならないように気をつかうべきです。

まず、何をどう助けてほしいのか明確に伝えましょう。「手伝って」と漠然と言うのではなく、「この資料を整理したいので、このような手順で一緒にやってほしい」と伝えることで相手も動きやすくなります。

相手の得意分野や興味のあることを頼むようにして、相手の状況や感情を配慮し、無理をさせないように心がけましょう。

また、**相手への感謝を忘れない**ことが大切です。助けてくれる相手は時間やエネルギーを使っています。相手への感謝の気持ちを言葉や行動で示すのは当然です。

そして、頼りっぱなしではなく、**自分も相手をサポートできる場面では積極的に助けることで、相互の信頼関係を築く**ことができます。

自分はこの状況の一部である

中国臨済宗の宗祖、臨済義玄《りんざいぎげん》禅師の言行録『臨済録』に「随処作主 立処皆真（随処に主となれば、立処みな真なり）」という一節があります。

「どのような状況においても、**自ら主体的に行動することによって、そのとき、その場所がすべて真実となる**」という意味です。

私はこの一節に、常に当事者意識を持って「主人公」として生きることの大切さを読み取ります。外的な状況に左右されることなく、他人任せにしたり逃げたりせずに、自分自身がその状況において主体的に関与し、自分らしく生きることを求められているのです。

人に頼る場面でも同様です。相手に頼んだから、もう自分は関係ないという態度はこの教えに反します。

あくまでも**自分はこの状況の一部であり、他人に頼りながらも最終的な責任は自分にある**という当事者意識を忘れずに行動するのです。その現実に向き合う姿勢を大切にすることが、禅の精神にかなった生き方といえるでしょう。

ちなみに「主人公」も禅語です。小説などの中心人物を指す言葉としてお馴染みですが、「どんなときも本来の自分を見失わず、主体性を持って行動できる自分自身」という意味です。つまり、人生の主人公は自分自身なのです。

5-2

期待に押し潰されない

——禅的・プレッシャーの受け止め方

期待されることは、認められている証であり、自分を信じてくれる人の気持ちのあらわれです。そのため、期待されることは喜ばしいものです。

しかし、相手からの期待が大き過ぎて、頻繁に言葉や態度で示されると、負担やプレッシャーに感じることもあります。バランスをうまくとるためには、自分自身の期待の受け止め方や向き合い方を工夫する必要があります。

まず押さえておきたいポイントは、**「期待＝負担」ではなく、「期待＝信頼」として受け止める**ことです。期待されているのだから、絶対に結果を出さなければならないと思うと負担を感じます。**「この人は私を信頼してくれている」と期待をポジティブに解釈すれば、プレッシャーが軽減されます。**また、「自分らしくできることをすればよい」と考えることで負担を減らせます。

期待を自己成長のチャンスとして活用するくらいの気持ちも必要です。自分の能力を引き出す原動力になりますから、完璧を目指すのではなく、少しでも期待に応えられるよう努力しようと無理のない目標を設定することで、前向きな気持ちに変えることができます。

過度に期待されていると感じたときは、正直に自分の気持ちを伝えてもいいと思います。

「期待していただけるのはうれしいです。**ただ、少しプレッシャーを感じるときもあるので、自分のペースで頑張らせてください**」

このように自分の気持ちを相手と共有することも大切です。

相手の期待に応えられなかったとき、ガッカリされる場合もあります。

「せっかく期待して頼んだのに期待外れだったな」「なんだ、やる気を見せてくれたのにダメだったんだ」。そんなときは凹んでしまいます。

しかし、期待に応えられなかったことが、自分の価値を否定するものではありません。**自分ができる限りのことをしたなら、結果は「縁」だからしょうがないと開き直るくらいでいい**と思います。

期待を自然体で受け止める

私自身も、庭園づくりの仕事でプレッシャーがかかることがあります。私を期待してくださっての依頼ですから、可能な限り引き受けます。

そんなとき、いつも心に留めているのは「**平常心是道**《びょうどうしんぜどう》」という禅語です。「悟りは修行の先にあるのではない。日常の当たり前の心こそ悟りである」という意味です。ありのままを受け入れる心が平常心です。

クライアントからの期待は、私の可能性を信じてのことです。ですから無理に自分を変える必要はありません。**浮き足立って過度に自分をつくり過ぎたりせずに、自然体であることが重要**です。

自分らしさを大切にしつつ、自然なペースで期待に応えていく。もう無理だと感じたら、正直に相手に伝えることも、自然体の一部だと私は思います。

前にも申しあげたとおり、**仏教では行動することそのものが価値を持つ**と考えます。期待されたとき、結果ばかりに目を向けると苦しみが生まれますが、プロセスに目を向けることで心が軽くなります。

相手の期待を「自分を磨く機会」としてとらえ、結果いかんにかかわらず、努力した自分自身を認めてください。

5-3

楽しみにし過ぎない

―― 楽しいこともその日限りと考える

楽しみなことがある前はワクワクします。

小学生のころ、遠足などイベントの前日はなかなか寝られなかったという思い出は誰にでもあると思います。程度の差こそあれ、大人になってからでも、そんなワクワク感はあります。

たとえば週末に初デートを控えていれば、前夜に寝られないばかりか、数日前からソワソワして仕事も手につかないということもあるでしょう。しかし、**興奮し過ぎて日常のリズムが乱れてしまうようでは本末転倒**です。

ワクワクやドキドキは、人生を豊かにする大切な感情です。適度な気持ちの高まりを維持しつつ、冷静さを保つようにしたいものです。

楽しみなことを控えて仕事が手につかないパターンで最悪なのは、仕事中に〝楽しみの先取り〟をすることです。仕事中にスマホを開いてデートスポットや映画情報を探したり、旅行先の観光情報を検索したり、日常をおろそかにするようではいただけません。

「脚《きゃっ》下《か》照《しょう》顧《こ》」という有名な禅語があります。禅寺の玄関などで、その言葉が書かれた板が立てかけられているのを見たことのある方も多いでしょう。

読んで字の如く、**「自分の足下を照らして顧《かえり》みなさい」**という意味です。玄関にあれば、「靴を揃えてお上がりなさい」ということですが、そこには**「心を整えてお上がりなさい」**という意味も含まれています。

「気もそぞろで靴を揃え忘れるようでは、日常やっているささいなことまですべてがおろそかになりますよ」という戒めです。

仕事中に楽しみの先取りをしそうになったら、「脚下照顧！」と言い聞かせてください。

今を楽しむ時間に没頭する

人間は〝今この瞬間〟を楽しむのが苦手な生き物です。今を楽しみながら、同時に未来のことを考えます。人間は進化の過程で欲望をコントロールする理性とともに、未来を予測する能力を身につけました。

他の動物にはないすばらしい特徴です。その能力は、計画を立てたり、危険を予測して回避したりするのに役立ちます。ところが、そこには副作用もあります。**未来を予測する能力を持ったことで、焦りや不安が生まれ、現在を軽視するようになりました。**

具体的に言えば、「今を楽しむことが二の次になり、次々と楽しみを追い求める」「今のことよりも、これからどうなるかを考える時間が増える」という副作用です。

週末、楽しい時間を過ごしているときに、「そうだ、月曜日の打合せが気になるなぁ」「明日から上司と出張だ。気が重いなぁ」などと思い出せば、**今この時間が重苦しくなります。**それが、人間が進化の過程で得た副作用です。

それを克服するには、仕事でも遊びでも、今に没頭することに尽きます。没頭すると、未来を予測する気持ちを手放しやすくなります。

次の予定や明日の仕事のことは横に置いて、「**明日のことは、明日の自分に任せよう！**」と心に留めてください。

そうやって、〝今この瞬間〟に意識を向けるように練習しましょう。

5-4

相手に深入りし過ぎない

——人づき合いは、濃過ぎても薄過ぎても、長続きしない趣味の仲間やご近所同士、仕事でのつき合いなど、知り合いとの交流は生活を豊かにする大切なものです。しかし、過度に深いつき合いを求めると、お互いのプライバシーを侵害し、トラブルの種になることがあります。

ここでは、適度な距離感を保ち、良好な関係を築くことの重要性について考えてみましょう。

たとえば、ヨガ教室に通う女性が仲間の一人と親しくなり、毎回教室後にお茶を飲む関係になったとしましょう。

お茶を飲んでヨガのことや家族のグチを笑いながら話している程度ならよいのですが、そのうちに相手が家庭内のプライベートな事情を深くたずねてくるようになりました。**それを負担に感じるならば、それは行き過ぎたおつき合い**です。そうなれば、意図的に距離を取るしかありません。

職場でも、こんな例があります。同僚から仕事以外の悩みを相談されるようになり、最初は親身になって聞いていましたが、それが次第にエスカレート。その同僚の相談を聞くたびにストレスが増し、仕事も滞るようになってしまった……。

「淡交」という言葉があります。中国戦国時代の思想家、荘子が著した一節「君子之交淡如水 小人之交甘如醴」に由来します。

「君子の交わりというものは水の如くあっさりしたものであり、小人の交わりは甘酒のようにベタベタしている」という意味で、適度な距離感を保ち、あっさりとした交流を良しとしています。

裏千家茶道の団体は「淡交会」といいます。これも、何ごとにも執着せず、淡々としてあたかも水が流れるように、**どんなときでも感情に流されない平常心の交わり**を意味しているそうです。

「茶禅一味」の精神を根本とし、「みなさん、茶道を通じて平常心を学び、親しくなりましょう」ということを示唆していると読み取れます。

プライベートな話題には深入りしない

具体的な「淡交」の実践方法としては、**会話のなかで〝境界線〟を意識するとよいでしょう。**

趣味や仕事の話題を中心に会話を進め、共通の話題を大切にします。プライベートな話題には深入りしないようにします。相手がプライベートな話を自然に話し出したときだけ傾聴に徹して、自分自身のプライベートもオープンにし過ぎないことです。そうすることで、お互いのプライバシーを尊重する姿勢を示すことができます。

仏教の根本的な教えの一つに「中道」があります。極端を避け、調和を大切にする生き方のことです。たとえば家庭内の問題に対して、過度に踏み込むのも、まったく関心を持たないのも極端な態度です。**適切な距離感を保ちつつ、相手を見守る姿勢が**中道にかなっています。

人づき合いは、濃すぎても薄すぎても長続きしません。極端を避けてバランスを大切にしながら、お互いに尊重し合う関係を目指しましょう。

5-5

うらやましいと思い過ぎない

――その気持ちをポジティブに変換するコツ

うらやましいという感情は悪いことでしょうか――。

私は決してそうは思いません。他人の成功や豊かさ、才能を目にして、自分にないものを欲しいと思うのは自然な感情です。

うらやむは「羨む」と書きます。辞書によると「①他の人が恵まれていたり、自分よりもすぐれていたりするのを見て、**自分もそうありたいと思う。**②他人のすぐれた才能や恵まれた状態を**不満に思う**」とあります。

その意味からわかるように、うらやむことはポジティブなエネルギーとして活用することも可能です。「自分もそうありたい」という目標に変えることで、羨望が成長の原動力になります。

また、他人の成功を、自分の未来の可能性としてとらえ、「**あの人ができたのだから自分にもできる**」という肯定的な視点を持つことで前向きな気持ちが生まれます。

ところが、うらやみをネガティブにとらえると、それは「妬み」に変わります。うらやましいという感情が妬みに変わるとどうなるのでしょうか。

他人の成功を純粋に喜べず、「**あの人ばかりが得をしている**」と感じてしまい、人間関係にヒビが入りやすくなります。

たとえば同僚が昇進したとき、**「自分のほうが頑張っているのに」**と考えて、相手に敵意を抱いてしまう。そんな感情がつのると、相手を引きずり下ろしたいという思いが強くなり、自分自身の心も疲弊してしまいます。

また、自己否定につながることもあります。他人と自分を比較して優劣をつけるばかりで**「自分は何をやってもダメだ」**と思い込むと、前向きな行動を起こせなくなります。友人が次々と結婚していくのを見て、自分を責める気持ちが強くなるのは、そんな感情だと思います。

妬みの感情を分解してみる

うらやみを通り越して妬みになってしまった感情を、ポジティブに変える方法を紹介しましょう。

基本的には、妬みの感情を否定せずに受け入れ、そこから建設的な行動や考え方に変換するプロセスが大切です。意外にわかっていないのは自分の感情です。

妬みの感情を自己認識してください。

第一に、誰のどんなことを妬んでいるのかを把握します。

第二に、妬みの感情を「くやしい」「悲しい」「ずるい」「頭にきた」などと具体的に言語化します。

第三に、自分はなぜ、そのような感情になったのか原因を探ります。

具体的には、「他人の成功に対する妬み」「外見やライフスタイルに対する妬み」「親密な関係に対する妬み」「自分の夢に対する焦り」「家族や社会的な期待に対する焦り」「知識やスキルに関しての焦り」などさまざまでしょう。

これらを紙に書き出して、自分の価値観や欲求に気づくことです。

感情の原因を問いつづけることで、「**自分が大切にしている価値観**」「**自分が満たしたい欲求や目標**」「**自分に足りないと感じている部分や課題**」などに気づけます。

この気づきをもって行動することで、妬みをポジティブな成長のエネルギーに変えることができると思います。

大切なのは、**自分の感情を否定せずに行動や考えに変換すること**です。

第6章

得をし過ぎない

——穏やかに生きるヒント——

6-1

お金が欲しいと思い過ぎない

——本来の目的を忘れない

本章では、多くの人の代表的な悩みである「お金」にまつわるお話を中心にしていきます。

お金は、私たちが生きていくうえで必要不可欠です。衣食住を整え、教育や医療を受けるためにはお金がなくては成り立ちません。ある程度の蓄えがあることで心にも余裕が生まれます。そのため、「お金を儲けたい」「得をしたい」という感情は自然なものです。しかし、**もっともっと儲けようとする姿勢には慎重であるべき**です。

禅の教えでは、こんなたとえ話があります。あるところに二人の牛飼いが暮らしていました。一人は99頭の牛を飼っている裕福な牛飼いです。もう一人は3頭しか飼っていない貧困な牛飼いです。裕福な牛飼いは生活に困ってはいませんが、「**あと1頭いれば100頭になるのに**」といつも心苦しく思っていました。

いっぽうの貧困な牛飼いは、3頭しかいないけれど、それで家族を養い、心穏やかに暮らしています。

裕福な牛飼いは、貧困な牛飼いに「**もう1頭で100頭になるのにとくやしくてたまらないので、おまえの1頭を譲ってほしい**」と懇願しました。貧困な牛飼いは、そんなに苦しいならと1頭を譲り、2頭になっても工夫して穏やかな生活を送りました。

いっぽう、１００頭になった牛飼いは、その満足もそこそこに一日も早く１０５頭にしたいと、また思い悩む日々を送りました。

お釈迦さまが亡くなる直前に説いた『遺教経《ゆいきょうぎょう》』に「**知足《ちそく》＝足るを知る**」という教えがあります。「今の自分に与えられたものに満足することを知る」という意味です。

欲望は限りないものです。**どこかで満足することを覚えない限り、心が休まることはありません。**たとえば月収が増えると「次はもっと欲しい」と考えがちです。心が「これで十分だ」と感じなければ、どれだけ月収が増えても常に次の目標を追い求めることになります。

モノも一緒です。家庭に必要なものが揃っていれば、それ以上を求めるのではなく、**感謝して今の状態を受け入れる**のです。もっと大きな家や高級車を手に入れることより、日々の穏やかな時間を楽しむことが「足るを知る」生き方です。

お金儲けは手段に過ぎない

私たちが何かをするとき、そこには「**目的**」と「**手段**」があります。目的とは本当に達成したいこと、手段とはその目的を達成するための方法です。

たとえば、**「家族と幸せに暮らすこと」**が目的だとします。そのためには、家を建てたり、教育のためにお金が必要です。お金を儲けることは、生きるための手段であり、最終的な目的ではありません。

しかし、お金を稼ぐことに夢中になるあまり、家族との時間を犠牲にしてしまうと、本来の目的だった「家族と幸せに暮らすこと」が達成されず、孤独を感じるようになってしまうでしょう。

手段であるお金が目的化してしまった結果です。

あるいは、旅行を楽しむことが目的だったとしましょう。旅行に行くためには、交通費や宿泊費が必要です。そのためにお金を貯めることは大切です。

しかし、お金を貯めることばかりに集中して、旅行に行くタイミングを逃してしまっては元も子もありません。

「もっと貯まったら」「もっと余裕ができたら」と考えているうちに、本来の目的だった旅行を楽しむことが実現できなくなるのです。

お金が手段であることを忘れ、目的化してしまうと、お金を優先するあまり他者を犠牲にして信頼を損なう可能性があります。人間関係が悪化するということです。また、自分自身も心の余裕を失います。いくら稼いでも「もっと稼ぎたい」「まだ足りない」と感じるようになり、心が疲れてしまいます。

目的を見失わないためには、**「そのお金を使って何をしたいのか」**を常に意識しましょう。家族とゆったり過ごすため、趣味を楽しむため、あるいは社会貢献をするためなど、**目的を明確にするとお金に振りまわされなくなります。**

投資を通じて得られるもの

2023年、政府が重要政策として〝資産運用立国〟をスローガンに掲げ、2024年から新NISA(少額投資非課税制度)が始まりました。「お金は貯めるものではありません。投資によって増やしていくものですよ」と、政府が投資を奨励しているのです。

株式や為替の取引で1億円を超える資産を築いた個人投資家を〝億り人〟と呼ぶそうです。まさに、お金のために働く時代から、お金に働いてもらう時代になったようです。しかし前述のとおり、**お金を儲けることが目的になっては、お金に振りまわされる**ことになります。

投資をすることで得られるものは何か――。それがわかれば、**自分の人生の主役は、お金ではなく、あなた自身である**ことがわかります。

投資を通じて、じつは金銭的利益以上のものが得られます。たとえば経済や社会の動向にくわしくなり、自分の視野が広がります。そうすると、無計画な浪費を回避できます。リスクの高い投機的な行動を避け、適切に資産を運用することで、将来への不安が減り、精神の安定が得られます。

自身の利益を追求するだけでなく、環境に配慮した企業へ投資することで、社会に貢献することもできます。

こうした視点を持つことで、投資は単なるお金儲けの手段から、豊かな人生を築くための力強いツールへ変わります。

6-2

ケチと倹約家の違い

――心に余裕があるのはどっち？

お金に関して、節約は良いこととされるいっぽうで、ケチケチした人はどこか嫌われる傾向にあります。とくに「あの人は、お金持ちのくせにケチだ」というような批判をよく耳にします。

「節約」と「ケチ」の違いを理解すると、お金の上手な扱い方や、お金と仲よくなって心豊かに生きるヒントが見えてきます。

倹約家とケチの違いはどこにあるのか――。

倹約家とは、ムダを省きつつ、必要なものにはお金を惜しみなく使う人のことです。倹約家にとって節約は、より良い人生を送るための手段であり、その背景には目的意識があります。お金を効率的に使い、ムダ遣いや浪費をしません。

たとえば日々の食費を節約するいっぽうで、家族や友人との特別な日には十分にお金をかけて食事を楽しむのが倹約家です。また、長持ちする高品質なものを選択するというように、結果的にコストパフォーマンスを優先する傾向にあります。

いっぽうで**ケチとは、お金を使うことを極度に嫌がり、必要な支出すら避ける人**です。すぐに「もったいない」と言い、損得勘定でものごとを考えます。たとえば友人との飲み会で細かく割り勘にしようとしたり、そもそも飲み会や食事会に参加しないこともあります。そのため、周囲の人を不快にさせ、結果的に自分自身の生活の質を下げる傾向にあります。

お金に対する考え方も違います。

倹約家は、**人生を豊かにすることを目的と考え、お金はそのための道具**としてとらえています。

いっぽうケチな人は、**お金を失わないことを目的と考え、最優先**します。

大切なもののためにお金を節約するのか、お金を守るために節約するのか、この考え方の違いが、お金の使い方にあらわれます。

つまり、**「お金をどう使うか」と考えているのが倹約家で、「お金をどう使わないか」と考えているのがケチな人**です。

ですから、心の余裕が違います。倹約家は、計画的な節約を通じて心に余裕を持っています。彼らは将来へ備えてムダを省くことで、心地よい生活を実現しています。

ケチな人は、お金を使うことへの不安や執着が強いため、精神的な余裕を欠き、結果的に周囲との関係性にも悪影響を及ぼすことがあります。

節約にはルールがある

具体的にどのように節約すればいいのか——。基本的に三つのルールがあります。

第一に、**節約の目的を明確にする**ことで、単なる「我慢」ではなくなります。旅行のために貯金する、老後の備えをするといった具体的な目標を立てると節約が楽しくなります。

第二に、**ムダを削る**ことも大切です。買い物リストを作って衝動買いを避けたり、必要のないサブスクリプションを解約するなど、日々のムダを見直します。

第三は、**価値に基づいて判断**します。価格だけでなく、そのものの品質や使用頻度を考えます。長持ちするものや、頻繁に使うものには投資する価値があります。

当たり前のことばかりですが、これら三つの基本的なルールを守っていれば浪費はほとんどなくなると思います。

お金を使うべきところで惜しまず使うこともまた、豊かな生活を送るためには欠かせません。お金の適切な使い方を具体的に考えてみましょう。

まず、**「スキルや知識を向上させる投資」**があります。資格取得や語学学習にお金を使うことは、収入アップやキャリアの選択肢を広げることにつながり、将来的に自分の価値を高めます。

「人間関係を良好にする投資」もあります。友人や家族との時間を楽しむためにお金を使うことも重要です。特別な日のプレゼントや、一緒に出かけるための出費は、心のつながりを深め、思い出をつくります。

「健康を維持する投資」も大切です。健康によい食品や適切な医療にはお金を惜しむべきではありません。安価なジャンクフードを避け、バランスのよい食事に投資することは、長期的な健康につながります。

人間を苦しめる「三毒」とは？

倹約とケチを仏教の観点から見ると、倹約は「正しいお金の使い方」であり、ケチは「執着に基づく行動」と考えられます。

倹約して必要以上の消費を控え、環境や社会に配慮した行動をとることは、他者への配慮や感謝の心を育てることにつながります。また、倹約を通じて生まれた余裕を他者へ施すこと（布施）で、自身の心の平安や豊かさが得られるとも考えられます。

仏教では、人間を苦しめる根元的な悪徳として**「貪《とん》・瞋《じん》・痴《ち》」という三毒があると**教えます。貪は、むさぼることであり、欲望や執着が過剰になること。瞋は、怒りや憎しみのこと。痴は、無知であることを意味し、真理を知らず、正しい判断ができない状態を指します。三毒は、お金に関しても以下のように戒めています。

【貪】お金を過剰に求めて貯め込むこと。浪費すること。
【瞋】お金を儲けた人に対する妬み、お金を儲けられない自分への怒り。
【痴】お金の使い方を理解せず、無計画に扱うこと。

これらを胆に銘じ、適切にお金を得て使うように心がけたいものです。

6-3

お金を使い過ぎない

―― 禅的・衝動買いの抑え方

今の日本は物質的な豊かさがあふれ、欲しいものが手に入りやすい環境にあります。そのため多くの人がついお金を使い過ぎてしまい、浪費に悩まされています。浪費は、一時的な満足感を得るいっぽうで、長期的に見ると後悔や経済的な不安を招くことがあります。浪費には、いくつかの心理的・環境的な要因があります。

第一の要因として、**自己満足やストレス発散**があります。たとえば仕事での失敗や人間関係の悩みを忘れるために、衝動的に買い物をすることがあるでしょう。ストレスや不安から逃れるための一時的な解消手段としての浪費です。

第二の要因に、**比較意識**があります。情報社会にあって、SNSや広告を通じて他者の生活や消費行動を目にする機会が圧倒的に増えました。「あの人が持っているなら私も」といった比較意識が浪費を助長させます。他者との比較が、自分の価値観や判断力を見失わせているということです。

第三の要因に、**購買意欲を刺激する仕組みの充実**があります。現代のマーケティングやテクノロジーは、「買いたい！」と思うように設計されています。「セール」「期間限定」「ポイント還元」といった言葉が消費者の心をつかみます。それに反応し、必要のないものを購入してしまうケースが多く見られます。

そして最後の要因に、**計画性の欠如**があります。収支の管理が曖昧であれば、収入以上に支出をしてしまい、浪費が習慣化してしまいます。

また、近年のキャッシュレス決済の普及により、財布を開ける手間や小銭を数える煩わしさがなく、気軽に支払いを済ませてしまうことができるので、ついつい買い物を積み重ねてしまいます。支払いが簡単でスムーズになった便利さの裏側で浪費の原因になっているように思います。

キャッシュレス決済では、物理的にお金を手放す実感がありません。つまり、**現金の減少を目にしないので使い過ぎたと気づきにくい**のです。そしてネットで「ポチッ」とワンクリックするだけでモノが買えます。そのため、気づけば高額な出費になっていることもあります。

モノを買うときに考えること

私は、シンプルに暮らすことをみなさんに提唱しつづけています。そのなかでいつも申しあげているのは、**「物欲を控えましょう」**ということです。

物欲を否定しているのではありません。モノを得る喜びは心をウキウキさせ、ときに物欲は努力を生んでくれます。しかし、そこに本当の豊かさはありません。

本当の豊かさとは、物質的な豊かさにあるのではない。心の豊かさを求めることが真の幸福につながる道である――これが仏教の根源の教えです。

物欲の象徴が〝衝動買い〟です。衝動買いはたいてい失敗することは、みなさん、経験済みだと思いますが、なかなか学習できないのが現実でしょう。

私は、衝動買いの防止法として次のようにアドバイスしています。

「本当に必要なものか」「あったらいいなくらいのものか」「今すぐに必要なものか」、この三つに分類します。

本当に必要ならば買えばいい、「あったらいい」は「なくてもいい」なので、しばらくは買わなくても大丈夫。今すぐ必要でなければ、もちろん買わない。この分類をするだけで、衝動買いはずいぶん控えられるはずです。

それともう一つ。**すでに持っているものに感謝してください。**感謝するだけで新たな衝動買いを抑えることができます。

6-4

調子に乗り過ぎない

——たまたま運が良かっただけではないか？

仕事、投資、家庭生活……、ものごとが順調に運んでいるときは気持ちよく、心が晴々とします。いわゆる、調子に乗っているときです。

ただし、調子に乗ることには、ポジティブな側面とネガティブな側面があります。勢いに乗ることで大きな成果を上げられるいっぽうで、調子に乗り過ぎると冷静な判断を欠き、失敗や失脚を招くことがあります。

調子に乗り過ぎず、謙虚さを保ちながら成果を上げ、よりよい日々を送るためのポイントについて考えてみましょう。

努力が実を結び、周囲からの評価が高まったとき、自分の成果を誇りに思うことは自然な感情です。ところが成功がつづくと、**「自分なら何でもできる」「失敗はありえない」といった過信が芽生える**ことがあります。

調子に乗り過ぎて自信が過信になると、さまざまなリスクを抱えることがあります。まず、天狗になります。過剰な自信から高圧的な態度をとるようになり、人間関係に悪影響を与えます。

謙虚さを失って周囲のアドバイスに耳を貸さなくなれば、冷静さを欠いて判断力や慎重さを失います。

また、利己的な人々が集まってきて、悪い誘いを受けやすくなります。

「実るほど頭《こうべ》を垂れる稲穂かな」ということわざは、成功するほど謙虚さを保つべきだという教えです。

成功しても謙虚さを忘れない人は、周囲の信頼や尊敬を得られます。**成功を継続するためには、他者の協力や支えが不可欠です。**謙虚な姿勢を保つことで、周囲と良好な関係を築くことができます。

謙虚であることは、冷静に自己を評価することにつながります。成功という結果に対し、「これは本当に自分の実力なのか」「たまたま運がよかっただけではないか」と客観的に考えることで、過信や誤った判断を防ぐことができます。

自己点検を欠かさない

成功を収めた人の周りには、自身の利益を得ようとする人々が寄ってきて、**もっと成功する方法があるといった甘い話をします。**いわゆる悪魔の誘惑です。

悪魔の誘惑に負けないためには、倫理を重視する意識を持ちましょう。甘言に飛びつく前に、その提案が倫理的で正当なものかを確認します。おいしい話には裏があると胸に刻んでおくべきです。目先の利益だけで動かない冷静さを持つことが重要です。

また、調子に乗っているときほど孤立しがちです。判断に迷ったときは、信頼できる人や専門家に相談しましょう。昔から知っている身近な人の意見を聞くことで、冷静な判断が可能になります。

調子に乗り過ぎないために以下のことを守り、習慣としましょう。

第一に、**感謝の気持ちを持つ**ことです。成功を収めたときには、自分一人で達成したわけではないと認識し、周囲への感謝の気持ちを忘れないことが大切です。成功を支えてくれた人々に感謝することで、謙虚さを保つことができます。

第二に、**過去を振り返ります。**成功したときこそ、過去の努力や失敗を思い出してください。そうすることで自分がいかにして成功をつかんだのかを再確認でき、過信を防ぐことができます。

第三に、**「自分は調子に乗り過ぎていないか」と常に自己点検**しましょう。毎日、自分の行動を振り返り、謙虚さを欠いた発言や態度がなかったかを反省します。

最後に、**行動のスピードを抑える**ことです。成功の勢いに任せて突き進むのではなく、いったん立ち止まり、次の行動を慎重に計画することが重要です。スピードよりも安定を優先しましょう。

驕れるもの久しからず

「祇園精舎《ぎおんしょうじゃ》の鐘《かね》の声《こえ》、諸行無常《しょぎょうむじょう》の響《ひび》きあり。娑羅双樹《しゃらそうじゅ》の花《はな》の色《いろ》、盛者必衰《じょうしゃひっすい》の理《ことわり》をあらはす。驕《おご》れる人《ひと》も久《ひさ》しからず、ただ春《はる》の夜《よ》の夢《ゆめ》のごとし。猛《たけ》き者《もの》もつひにはほろびぬ、ひとへに風《かぜ》の前《まえ》の塵《ちり》に同《おな》じ」

平家の栄華と没落を描いた『平家物語』の冒頭です。以下は現代語訳です。

「祇園精舎の鐘の音には、諸行無常、すなわち、この世のすべての現象は絶えず変化していくものだという響きがある。娑羅双樹の花の色は、どんなに勢いが盛んなものも必ず衰えるという道理を表している。世に栄え得意になっているものも、その栄えはずっとはつづかず、春の夜の夢のようである。勢い盛んで激しいものも、結局は滅び去り、まるで風に吹き飛ばされる塵と同じである」

「驕れるもの久しからず」ということわざは、この一節から引用されています。この言葉の根底には、仏教の「諸行無常」の教え（**ものごとは常に変化し、永遠につづくものはない**）があることがわかりますね。

歴史上、多くのリーダーや権力者が驕りのために失脚しました。古代ローマの権力者や戦国時代の大名のなかには、成功に驕ったがゆえに民心を失い、滅亡した例が数多くあります。

これらの例は、驕りが持続的な成功を阻む大きな障害であることを物語っています。

成功したときこそ謙虚であるべきであり、驕り高ぶることなく、周囲への感謝や自分への問い直しを忘れないことが、持続可能な成功と幸福への鍵となります。

「し過ぎない」練習

第7章

我慢し過ぎない

――いつか爆発しないための心得――

7-1

任せっぱなしにしない

——「任せる」とは放置することではない

部下やプロジェクトメンバーに仕事を任せることは、相手の成長をうながすためにも大切です。しかし、進行具合やうまくやってくれるか心配で、ヤキモキされる方も多いと思います。とくに責任感が強い人や、これまで自分で何でもこなしてきた人ほど、〝ヤキモキ感〟に悩むことがあります。

「言いたいけれど、言い過ぎると関係が悪化するかもしれない」という場面では、**言うべきか、我慢するべきか迷ってしまいます。**我慢して見守っていても、締め切り間近で大きなトラブルが発生してしまっては元も子もありません。

部下やメンバーを信じることが、必ずしも良い結果を生むとは限りません。彼らが安心感を持って課題に向き合えるように適切にサポートをすることが必要です。

誰でも迷ったり問題が起こったとき、それを口にするのが難しいことがあります。とくに経験の浅い人は、「こんなことを相談すると能力が低いと思われるのではないか」「こんな報告をしたら評価を下げられないか」と不安に感じることがあります。

そこで、**上司が日常的に声をかける習慣が大切**です。

「順調に進んでいる?」「何か手助けが必要なら言ってね」という一般的な声がけで

も十分ですが、「最近どう？　迷っているところはない？」「ここまでは順調そうに見えるけど、この先、何か気になっていることはある？」などと、少し踏み込んで聞いてみてもいいと思います。

声がけは、安心して質問や相談ができる雰囲気づくりに効果があり、**問題が深刻化する前に早期発見できる**という利点もあります。さらに、上司の関心とサポートを実感することで部下やメンバーのモチベーションが向上します。

自ら答えを見つけるための手助けをする

仏教には**「四摂法《ししょうぼう》」**という教えがあります。

仏さまが人々を仏道へ導くための具体的な方法のことです。「布施《ふせ》」「愛語《あいご》」「利行《りぎょう》」「同事《どうじ》」の四つをいいます。これは、他者と良い関係を築き、助け合うための教えでもあります。

【布施】あまねく施すこと。形あるものを与えるだけでなく、知識やアドバイスを通じて相手の成長を助けることにもつながります。

【愛語】相手を思いやり、心に響く優しい言葉をかけること。相手が困難に直面しているときに、励ましや導きを与える声がけは愛語の実践です。

【利行】相手の利益となる行動をすること。相手の幸せや成長を優先に考えます。

【同事】相手と同じ目線や立場に立ち、共感しながら一緒に行動することです。チームメイトとして寄り添う姿勢を示します。

これらの実践を通じて、部下やメンバーとの関係が深まり、個々の成長だけでなく、チーム全体の力を高めることができます。

ここで忘れてはいけないのは、声がけやアドバイスが解決策の押し付けにならないようにすることです。**あくまでもヒントを与え、相手が自らの方法で答えを見つけられるように支援するのが理想**です。

禅では、自ら考え、気づき、悟ることを重視します。自ら試行錯誤して解決策を見つける経験が成長をうながすのです。

7-2

自分だけ我慢しない

——「自分さえ我慢すれば丸く収まる」はもうやめる

日本では「我慢」は美徳とされ、子どもの頃から「我慢するのが当たり前」「辛抱しなさい」と教えられてきました。

しかし、我慢を重ね過ぎると心や体に負担がかかり、不調を招きかねません。

我慢には**「必要な我慢」**と**「必要のない我慢」**があります。

必要な我慢とは、目標を達成するための努力や、周りとの協調を保つための粘り強さです。いっぽう、必要のない我慢は、無理を重ねて自分を追い詰め、理不尽な状況に耐えつづけることです。

たとえば仕事で意見が対立したときに、相手の主張を冷静に聞き入れる我慢は建設的です。しかし、相手の理不尽な要求や過剰な労働を受け入れることは、自分自身の尊厳や健康を損なう可能性があります。

過剰な我慢を生む原因の一つは**「断れない」と思い込むこと**です。

断ると人間関係を壊すのではないかと恐れるかもしれませんが、誠実に理由を伝えれば、多くの場合、相手も納得してくれます。「今は手一杯なので他の人に相談してもらえませんか」と伝えるだけでも、自分を守ることができます。

また、日本人は「**自分の力で何とかするべき**」という意識が強く、助けを求めることをためらいがちです。適切に助けを求めるのは恥ずかしいことではありません。

上司や同僚に「これ以上は自分だけでは難しい」と率直に話したり、家族や友だちに仕事の悩みやストレスを打ち明けることで気持ちが軽くなります。

自分の意見は言わなければ伝わらない

日本人の我慢の象徴が「自分の意見を言わずに耐えること」ではないでしょうか。

日本人は古くから、相手を思いやり、調和を重んじる文化を大切にしてきました。そのため会議やディベートの場面において、自分の意見を主張するよりも「**自分さえ我慢すれば丸く収まる**」と考える傾向が強いといわれます。こうした「言いたいことがあっても言えない状況」に直面したことがある人は少なくないと思います。

たしかに、相手を尊重し、空気を読んで行動することは、日本社会では重要なスキルかもしれません。

しかし、何でもかんでも我慢すればいいというわけではありません。**自分の意見を**

伝えないことで、組織や人間関係においてデメリットが生じる場合もあります。

相手の意見を尊重しつつ、自分の考えも明確に伝え、お互いに納得できるＷｉｎ－Ｗｉｎの解決策を見つける方法を考えてみましょう。

まず大切なのは、**相手の意見を丁寧に聞く**ことです。そうすれば、相手は自分の意見が尊重されていると感じます。

たとえば、「つまり、こういうことですね」と相手の言葉を復唱したり、「その視点は新しいですね」と**相手の考えを一度肯定する**ことで議論が円滑に進みます。

そして自分の意見を明確に伝えます。感情的にならず、論理的に説明することが大切です。「それは違います」と相手に責任を押しつけるのではなく、**「私は、こう思います」**と主語を自分にして意見を述べるようにしましょう。

意見が対立しそうなときは、**共通の目的を再確認**しましょう。目的を明確にすることで建設的な議論に変えることができます。そうして、お互いの意見の間で折り合いをつけましょう。どちらの意見も完全に否定することなく、一部を採りいれることで双方が納得できる結論を生むことができます。

7-3

後悔し過ぎない

―― 禅的・失敗に区切りをつける考え方

「あのとき、こうしていれば……」

「なぜ、あんなことを言ってしまったんだろう……」

誰しも、過去の失敗や判断ミスを何度も思い返し悔やむことがあるでしょう。しかし、どれだけ悔やんでも、過去は消しゴムで消せるものではありません。

では、どうすれば後悔し過ぎず、前を向いて生きていけるのでしょうか。

後悔とは、**「過去の選択が間違っていた」と思うことで生まれる感情**です。とはいえ、そのときの自分は「最善の選択をしよう」と考えて行動したはずです。

たとえば、試合の大事な場面でミスをしてしまったとします。

「もっと冷静に考えればよかった」「別の技を選択すればよかった」と思うでしょう。

しかし、試合中の限られた時間で判断し、最善を尽くしたはずです。その結果が思いどおりにならなかったからといって、「あのときの自分はダメだった」と責める必要はありません。

後悔は、「今の視点」から「過去の自分」を見ているからこそ生まれます。

今の自分は、失敗したという経験を積み、新しい知識を得ています。しかし過去の自分には、それがなかっただけなのです。

「あのときの自分にはわからなかったけれど、今ならわかることがある」と考えれば、後悔するのではなく、〝学び〟として受け止めることができます。

後悔をいつまでも引きずることなく、次に活かすためには、なぜ失敗したのかを冷静に分析する必要があります。判断ミスなのか、準備不足なのか、運が悪かったのか——客観的に見ることが大切です。

また次に同じ場面に直面したら、どう行動すればよいかシミュレーションします。具体的な改善策を考えることで、同じ失敗を繰り返さなくなります。

そして、ここが肝心なのですが、**分析が終わったら「もう考えない」と決め、失敗に区切りをつけます。**それができれば、次の機会にはよりよい選択ができます。

「過去」の延長線上に「今」はない

日本曹洞宗の開祖である道元禅師は、主著『正法眼蔵《しょうぼうげんぞう》』で、「薪《たきぎ》は燃えて灰になる。灰になったら、もう元の薪には戻らない。それと同じように、人間も一度死んだら、もう元の命には戻らない」(現代語訳)と述べています。

一見すると、「人生は一度きり。死んだら終わり」という無常観を示していますが、じつはそれだけではありません。「人間の死は、生の延長線上にある」と考えがちですが、**生きているときは精一杯に生ききり、死が訪れたら死にきればいい**と教えています。

つまり、過去はすでに終わったものであり、いつまで悔やんでも、過去の状態には戻らないということです。

過去を引きずるのではなく、そこから学び、今の自分をどう成長させるか。**「今、この瞬間を大切に生ききる」**ことを意識してみてはいかがでしょうか。

7-4

スマホを見過ぎないための禅的習慣

——人生の主導権を取り戻そう

私たちの生活を豊かにするスマホは、すばらしいツールです。遠く離れた人とすぐに連絡がとれる、知りたい情報をすぐに検索できる、知らない場所でもマップを見て目的地にたどり着ける、日常の記録を写真やメモで簡単に残せる等々、スマホのおかげで得られた便利さははかり知れません。私たちの生活を大きく支えています。

しかし、「ちょっと調べものをしよう」と手にとったはずが、気がつけばSNSを延々とスクロールしていたり、ゲームをしたり動画を見つづけて時間を浪費していることが多いものです。

スマホの見過ぎが問題なのは、**スマホに主導権を握られる**からです。使われる側になってしまうと、**時間や集中力を奪われてしまいます。**

禅の教えには、スマホの見過ぎを防ぐためのヒントがあります。

禅の修行では「只管打坐《しかんたざ》」を大切にします。「**ただひたすら坐《すわ》る**」という意味です。目的を達成する手段として坐禅をするのではなく、坐禅をすることそのものが悟りの姿であり、仏さまの姿であるという教えです。

この教えが示しているのは、**何かをするときは、それだけに心を込める**ことの大切さです。

スマホを見ながら、別のことを同時にやっていませんか。食事をしながらスマホを見たり、歩きながらSNSをチェックしたり、仕事をしながらメールを気にしたり、会話をしながらゲームをしたり――そんなことが当たり前です。これでは、どの行動にも集中できません。

食事をするときには「食べること」に意識を向け、歩くときには「歩くこと」に集中する。これだけでスマホをさわる時間は大幅に減り、今この瞬間の充実感が増していきます。

〝スマホ断食〟してリアルな体験を増やす

スマホを見てしまう最大の原因は、すぐ手の届くところにあることです。意識の力で我慢するより、物理的に距離をつくるほうが効果的です。

まずは、**スマホの定位置を変えましょう。**寝るときは、枕元ではなく、別の部屋に置きます。それだけで就寝前のスマホいじりが減ります。食事中は、テーブルに置かないことで、目の前の食事に集中できます。仕事中は、バッグの中や引き出しにしまえば集中力がアップします。

手元にないだけでスマホをさわらなくなることを驚くほど実感できるはずです。

そして、**スマホをさわらない時間を意識的につくります。**いわゆる〝スマホ断食〟です。

はじめは1日30分だけ、スマホをさわらない時間をつくってみましょう。それに慣れたら毎週1日、夕食以降朝まで〝スマホ断食〟します。これで10時間程度はスマホをさわらない時間ができます。

さらにデジタルデトックスとして、**休日にはスマホを家に置いて外出します。**

最初は違和感があるかもしれませんが、慣れると「スマホがなくても大丈夫」という感覚が生まれ、スマホへの依存が減っていきます。

スマホから離れてリアルな体験が増えていくと、日々の充実を実感できるはずです。

7-5

「ちょうどいい」の見つけ方

――見つけた人から幸せになる

私たちの日常には、ちょうどいいバランスが求められる場面がたくさんあります。仕事のペース、人づき合い、お金の使い方、食事の量などなど。どれも、多過ぎても少な過ぎてもよくないことは、誰もが感覚的にわかっています。

しかし、この「ちょうどいい」は一つの固定された答えではありません。あるときは頑張ることが大切であり、あるときは休むことが必要になる。周囲の人との距離も、状況や相手によって適切なバランスが変わるものです。

「これが正しい」と決めつけるのではなく、その時々に応じて**〝自分にとってちょうどいい〟を見つける**――それこそが、人生を豊かにする秘訣ではないでしょうか。

まず大前提として「**ちょうどいいは、客観ではなく、主観である**」という意識を持ちましょう。また、「**ちょうどいい」は固定されたものではなく、変化するもの**です。

たとえば、同じ1時間の運動でも、普段から運動をしている人にとっては「ちょうどいい」かもしれませんが、まったく運動習慣のない人にとっては「きつ過ぎる」と感じるかもしれません。また、仕事の量も、新人とベテランではちょうどいい塩梅が違うでしょう。

ここで重要なのは、**他者の基準に振りまわされない**ことです。周りとくらべて「あの人より頑張れていない」「これくらいやらなきゃ」と無理をするのではなく、「今の自分にとってちょうどいいか」という視点を持つことです。

「ちょうどいい」を少しずつ調整する

自分なりのちょうどいいバランスを見つけるには、次の三つを確認しましょう。

一つめは、**「頑張り過ぎ」か「頑張りが足りない」かを意識する**ことです。

たとえば仕事の量について、毎日残業つづきで休みの日も仕事のことが頭から離れないようでは頑張り過ぎです。

なかなか仕事が進まずに締め切りギリギリになってしまうようでは頑張りが足りないですね。自分の行動がどちらに傾いているかを振り返ることが第一歩です。

それがわかったら次は**「少しだけ」調整することを意識します。**

頑張り過ぎなら少しだけ減らしてみる。頑張りが足りなければ少しだけ増やしてみる。いきなり大きく変えようとすると、反動が来てしまうことが多いものです。たとえば運動不足を感じるならば、いきなり毎日1時間運動するのではなく、まずは10分だけ歩くというふうに少しずつ増やしていくといいでしょう。

そして三つめは**「自分の気持ちに余裕があるか」をチェックします。**たとえば人間関係において、人からの頼みごとをどこまで引き受けるか考えることがあります。頼まれたことをすべて受け入れてしまうと、自分の時間がなくなり、ストレスがたまります。しかし、何もかも断ってしまうと、人間関係がギクシャクすることもあります。

ここで大切なのは、**自分の気持ちに余裕が持てる範囲で受け入れる**ということです。「このくらいなら無理なくできる」と思える範囲で人を助ける。時間がとれない場合は「今回は難しいけど、次回なら手伝える」と伝えるなど、バランスをとることです。どれも難しいことではありません。ちょうどいいバランスを見つけるのは、ある意味で**〝自分自身との対話〟が必要**です。毎日少しずつ、自分の行動を振り返りながら、

「今日はちょうどよかったな」「少しやり過ぎたな」と確認していくことが大切です。

"自分にとってちょうどいい"を見つける

仏教の視点から「ちょうどいい」を見つけるヒントとして、お釈迦さまの**「待機説法《たいきせっぽう》」**を紹介しましょう。

待機説法とは、相手の能力や状況に応じて適切な教えを説くことです。

お釈迦さまは、一方的に「これが正しい」と押しつけるのではなく、相手の状態や理解度を見きわめながら、その人にとってちょうどいい教えを説かれました。

待機説法の考え方は、私たちの生活にいろいろな場面で活かすことができます。

日々のコミュニケーションにおいては、相手の状況を考えて伝え方を変えることが大切です。たとえば、仕事で後輩に何かを教える場面。経験の浅い相手には、できるだけわかりやすく丁寧に説明する必要があります。あまり細かく指示し過ぎると、自分で考える力が育たず受け身になってしまいます。

いっぽう、ある程度経験を積んだ相手には、考えさせることが大切です。すべてを指示するのではなく、「君ならどうする?」と問いかけることで、成長をうながすことができます。

このように、相手の状況や理解度に応じて伝え方を変えることが、ちょうどいいバランスをとることにつながります。

また、家庭や友人関係でも同じです。たとえば悩んでいる友人に対して、ただ悩みを聞いてほしいのか、具体的なアドバイスをしてほしいのかを見きわめることが大切です。何でもかんでも「こうすればいいよ」とアドバイスするのが正解とは限りません。ただ共感し、一緒にいるだけでよい場合もあります。

待機説法の本質は、相手に合わせて教えを説くことですが、最終的に教えを受け入れるかどうかは、その人次第です。お釈迦さまは、**強制することなく、あくまで気づきをうながす**ことを大切にされました。

つまり、「ちょうどいい」というのも、誰かに決めてもらうものではなく、自分で見つけるものだということです。

他者と比較して「もっとやらなきゃ」と思うのではなく、**「今の自分にとってどうか」**を基準にする。世間の常識にとらわれすぎず、自分に合ったやり方を探す。「こうでなければならない」と決めつけず、柔軟に調整する。

このように、「ちょうどいい」は固定されたものではなく、常に変化し、自分自身で見つけるものなのです。

本書のテーマである**「し過ぎない」は、まさに「ちょうどいい」を見つける人生の旅のようなもの**だと思います。

しかし、その旅には「正解の地図」も「絶対のゴール」もありません。歩いていくなかで、速く進み過ぎれば息切れし、ゆっくりし過ぎれば機会を逃してしまうこともある。頑張り過ぎれば心が折れ、手を抜き過ぎれば充実感がなくなる。人との距離が近過ぎれば息苦しくなり、遠過ぎれば孤独を感じます。

私たちは常に〝自分にとってちょうどいい〟を探しながら生きているのです。

カバーデザイン
金澤浩二

本文デザイン・DTP
鳥越浩太郎

編集協力
小松卓郎

［著者略歴］

枡野俊明（ますの・しゅんみょう）

1953年、神奈川県生まれ。曹洞宗徳雄山建功寺住職、庭園デザイナー、多摩美術大学名誉教授。大学卒業後、大本山總持寺で修行。禅の思想と日本の伝統文化に根ざした「禅の庭」の創作活動を行い、国内外から高い評価を得る。芸術選奨文部大臣新人賞を庭園デザイナーとして初受賞。ドイツ連邦共和国功労勲章功労十字小綬章を受章。また、2006年「ニューズウィーク」誌日本版にて「世界が尊敬する日本人100人」にも選出される。近年は執筆や講演活動も積極的に行う。主な著書に、『心配事の9割は起こらない』『仕事も人間関係もうまくいく 放っておく力』『迷ったら、ゆずってみるとうまくいく』などがある。

「し過《す》ぎない」練習《れんしゅう》

2025年4月1日　　初版発行

著　者　　枡野俊明

発行者　　小早川幸一郎

発　行　　株式会社クロスメディア・パブリッシング
〒151-0051 東京都渋谷区千駄ヶ谷4-20-3 東栄神宮外苑ビル
https://www.cm-publishing.co.jp
◎本の内容に関するお問い合わせ先：TEL（03）5413-3140／FAX（03）5413-3141

発　売　　株式会社インプレス
〒101-0051 東京都千代田区神田神保町一丁目105番地
◎乱丁本・落丁本などのお問い合わせ先：FAX（03）6837-5023
service@impress.co.jp
※古書店で購入されたものについてはお取り替えできません

印刷・製本　　中央精版印刷株式会社

　ISBN978-4-295-41080-5　C2034